智库书系

地方经验研究之十

激活内动力：
新时期农村综合改革的“东莞突围”

徐　勇　主编

邓大才　李晓群　任　路　等著

中国社会科学出版社

图书在版编目(CIP)数据

激活内动力：新时期农村综合改革的“东莞突围”／邓大才等著；徐勇主编．—北京：中国社会科学出版社，2016.8
ISBN 978-7-5161-8819-4

Ⅰ.①激… Ⅱ.①邓…②徐… Ⅲ.①农村经济—集体经济—经济体制改革—研究—东莞 Ⅳ.①F327.653

中国版本图书馆CIP数据核字(2016)第205136号

出 版 人　赵剑英
责任编辑　冯春凤
责任校对　张爱华
责任印制　张雪娇

出　　版　中国社会科学出版社
社　　址　北京鼓楼西大街甲158号
邮　　编　100720
网　　址　http://www.csspw.cn
发 行 部　010-84083685
门 市 部　010-84029450
经　　销　新华书店及其他书店

印　　装　北京君升印刷有限公司
版　　次　2016年8月第1版
印　　次　2016年8月第1次印刷

开　　本　710×1000　1/16
印　　张　10.75
插　　页　2
字　　数　150千字
定　　价　39.00元

《智库书系·地方经验研究》

总 序

《智库书系·地方经验研究》是由华中师范大学中国农村研究院推出的系列著作。

中国作为一个古老的文明大国，能够在20世纪后期迅速崛起，展现出强大的活力，得力于改革开放。20世纪80年代兴起的改革开放，重要目的就是“搞活”，在搞活经济的过程中确立了市场竞争机制。市场竞争机制不仅激活了经济，而且激活了地方和基层的自主性和创造性。极具战略眼光的顶层设计和极具探索精神的地方基层实践以及两者之间的良性互动，是中国政府推动现代化建设取得巨大成功的秘诀。中国改革开放的路径就是：先有地方创造的好经验，中央加以总结提高上升为好政策，然后经过若干年推广再确定为好制度。本书系正是在这一背景下推出的。

我们华中师范大学中国农村研究院自20世纪80年代开始，就关注农村改革，研究农村治理，并以实地调查为我们的基础和主要方法。调查一直是立院、建院和兴院之本。在长期实地调查中，我们经常会与地方和基层领导打交道，也深知地方和农村基层治理之不容易。地方和基层治理的特点是直接面对群众、直接面对问题、直接面对压力。正因为如此，地方和基层领导势必解放思想，积极开动脑筋，探索解决问题的思路和方法，由此有了地方创新经验。促使我们自觉主动与地方进行合作，通过理论与实践相结合，共同探索地方发展路径并总结地方创新经验，起始于2011年。当年年初，地处广东西北部的云浮市领导为探索欠发达地区的科学发展之路，专程前来我院求助请教，我们也多次前往该市实地考察、指导和总结。至此，我们开启了地方经验研究的历程，并形成了基本的研究思路和框架。

地方经验研究的目的，主要是发现地方创造的好经验、好做法、好举措，突出其亮点、特点和创新点。中国的现代化是前所未有的伟大实践，必然伴随大量问题。对不理想的现实的批判思维必不可少，需要勇气；而促进有效解决问题的建设思维也不可或缺，需要智慧，两者相辅相成，各有分工，共同目的都是推动社会进步。作为学者，不仅要持公正立场评点现实，更要参与到实际生活中，理解现实，并运用自己的智慧与实践者一同寻求解决问题之道。历史的创造者每天都在创造历史，但他们往往不是自觉的，学者的参与有可能将其变为自觉的行为；历史的创造者每天都在创造历史，但他们往往并不知道自己在创造历史，学者的总结则可以补其不足。地方与基层的探索是先行一步的实践，需要总结、加工、提炼，乃至推介，使更多人得以分享。地方与基层的探索是率先起跑的实践，需要讨论、评价、修正，乃至激励，使这种探索能够可持续进行。我们的地方经验研究便秉承以上目的，立足于建设性思维。

地方经验研究的方法，绝不是说“好话”，唱“赞歌”。在地方经验研究中，我们遵循着以下三个维度：一是地方做法，时代高度。尽管做法是地方的，但反映时代发展的趋势，具有先进性；二是地方经验，理论深度。尽管是具体的地方经验，但包含相当的理论含量，具有普遍性；三是地方特点，全国广度。尽管反映的是地方特点，但其内在价值和机制可复制，具有推广性。正是基于此维度，我们在地方经验研究中，非常注意两个导向：一是问题导向。地方和基层实践者之所以成为创新的主要动力，根本在于他们每天都必须直接面对大量需要处理的问题。解决问题的过程就是实践发展的过程。二是创新导向。解决问题是治标，更重要的是寻求治本之策，由此就需要创新，需要探索，也才会产生地方好经验。怎样才是创新呢？需要有两个标准：一是历史背景。只有将地方经验置于整个宏观历史大背景下考察，才能理解地方创新由何而来，为什么会产生地方创新。二是未来趋势。只有从未来的发展走向把握，才能理解地方创新走向何处去，为什么值得总结推介。

我们正处于一个需要而且能够产生伟大创造的时代。智库书系因时代而生，随时代而长！

徐勇

2015 年 7 月 15 日

目　录

社会反响篇

序 言

东莞，中国南部的一片热土。改革开放后，东莞以农村集体经济为基础，面向世界市场，实现农业向工业的巨大转型，号称“世界工厂”，成为中国经济奇迹的引领者，引起世人的刮目相看；2008年以来，遭遇前所未有的世界经济危机，“两头在外”的经济模式面临极大挑战，东莞是否会像世界许多地方因产业兴而兴，由产业衰而衰，直至变为“死城”和“荒原”，世人同样在拭目以待。非常可贵的是，东莞没有在严峻的环境下沉沦，而是继续承接农民自力自强的精神，以农村综合改革激活内动力，让庞大的集体资产重新焕发活力，推动经济的转型升级，一个崭新的东莞正在迅速崛起，正在创造又一个中国奇迹！

在马克思看来，“人们自己创造自己的历史，但是他们并不是随心所欲地创造，并不是在他们自己选定的条件下创造，而是在直接碰到的、既定的、从过去承继下来的条件下创造。”东莞在改革之初直接碰到的、既定的、从过去承继下来的条件是什么呢？是一个以农业为主的地方，是一个因集体经济在农业的低效率而长期陷入贫困，大量人口外逃的地方。然而，历史常常有许多惊人之举和意想不到的后果。随着人民公社体制的废除，集体经济似乎已成为一个遥远古老的名词，农业生产领域的低效率，使得农村再次恢复一家一户个体生产经营方式；出乎意料的是，集体经济在工业领域却获得巨大成效，创造了上万亿元的巨额集体资产，为国民经济积攒了殷实的“家当”。本为种豆，何以得瓜，农村集体经济为什么在不同的产业领域取得截然不同的绩效？其深刻背景是集体经济生成演化于中国从农业社会向工业社会、从计划经济向市场经济的两个转变之中，它的特殊品质与不同产业领域具有不同的适应性，并由于其农村底色而在新的历史条件下创造出人们意想不到的结果，成就了一个世界奇迹。

集体经济本是为了解决农业生产和农民贫困问题而量身定制的。早在20世纪40年代，毛泽东就指出：“在农民群众方面，几千年来都是个体经济，一家一户就是一个生产单位，这种分散的个体生产，就是封建统治的经济基础，而使农民自己陷于永远的穷苦。克服这种状况的唯一办法，就是逐步地集体化。”在20世纪50年代的不到六年时间里，我国就实现了集体化，并形成了农村集体经济这一新型的经济形态。但是，以人民公社为组织形式的集体经济造成的是活力的缺乏和产业效益的低下。

首先，集体经济作为一种依附性奉献式经济，其产品分配的依据是先国家再集体。国家如果拿得过多，就会导致集体分配过少；集体用于分配的过少，就会影响农民的生活，并由此导致农民缺乏集体生产的热情和积极性，甚至造成农民的抵制。如杜润生所说：“正因为‘大集体经济’吃不饱饭，甚至饿死了人，农民就要想办法，避免风险。”其办法一是“瞒产私分”；二是扩大自留地；三是搞包产到户。

自我封闭的集体经济组织切断了农民的横向联系，在政府分配有限的条件下又不能在与社会的交换中获得生活资料。“政社合一、公民皆社员的人民公社，又不允许自由进出，堵塞了社员自求谋生的道路，限制了农户发展经济的自由。在历史上，农民从来拥有从事多种经营、配置自有资源的自由。但是在人民公社时期，农民的这种自由权利却受到剥夺。其结果不仅加重了农村的贫困程度，还加重了城市的消费品短缺。”

其次，计划经济体制下的集体经济适应了国家计划，却不适应农业生产特性。长期历史以来，中国实行的是一家一户为单位的生产经营方式。这种生产经营方式与农业生产的特性是相适应的。家庭共同体相互依赖、利益相关、熟悉信任、感情相系、优势互补，非常适宜于农业生产活动，并不需要额外的组织管理成本。家户作为产权、生产经营、分配、消费、社会、文化和政治单位，自我负责。一家一户的生产经营体制本质是一种责任制，它内在地要求生产者对自己负责，而无须外部监督。

正是因为家庭经营更适合农业生产特性，更能让农民获得收益，从集体化进程开始，农民就一直试图从体制上加以突破，不断尝试包产到户。只是由于农村的贫困和城市消费品的短缺，并拖累了整个国民经济，才最终实行“产权公有，家庭经营”的家庭承包经济体制，并导致传统集体经济组织——人民公社体制的废除。

统一经营的集体经济组织未能在农业领域取得预期的成效，最后不得不恢复一家一户的家庭经营，但出乎意料的是它在工业领域取得了重大发展，造成了乡镇企业的异军突起。邓小平表示，“农村改革中，我们完全没有预料到的最大收获，就是乡镇企业发展起来了，突然冒出搞多种行业，搞商品经济，搞各种小型企业，异军突起。”乡镇企业在国民经济所占比例达到三分之一，构成国家经济体系的相当数额的“家当”。

突然冒出的乡镇企业不是从天而降，而是在原有集体经济组织中生成的，只是在原有计划经济体系下的“城乡二元”结构下受到压抑。计划经济体系对农村的需求主要是产品与劳动力，因此长时间实行“以粮为纲”的政策，工副业属于受限制的产业活动。但在东南沿海地区，工副业顽强地自我生长，成为集体经济组织的一部分。农村改革以后，全国大多数农业地区实行分户经营，以农为主，且社会需求迅速增长，而东南沿海地区的农村集体经济组织的工业则在原有基础上，积极满足社会需求，得以长足发展。这是集体经济发展中出现的意想不到的后果。

集体经济组织在农业领域的失败和之后在工业领域的成功，与集体经济组织面临的外部环境和内在特质密切相关。中国的集体经济组织生成于农业社会向工业社会的转变之中。在由农业社会向工业社会转变过程之中，一般要经过简单协作、工场手工业、大机器工业阶段。但在不同国家的工业化阶段及其空间形式有所不同。中国是发展中国家。新中国成立前的工业基础十分薄弱；新中国成立后，为迅速建立起工业体系，工业化的重点在于重工业，一下进入大机器工业阶段，工业发展的空间主要在城市，工业主要组织方式是计划经济下的国有企业。以城市为空间的大机器工业难以充分满足国民经济的需要，社会需求的大量产品需要通过简单协作和工场手工业的方式加以满足。新中国成立之前，农村存在家庭内部的分工协作，但其范围十分有限，主要是满足自我的需要。实行农业集体化以后，农村社会组织单位扩大到社队。公社单位为简单协作和工场手工业提供了组织基础。同时，公社组织本身也负有发展工副业的使命。集体化进程中建立起来的公社集体组织既是生产组织，也是社会生活组织，集农、工、商、学、兵于一体。1961 年颁布的《人民公社工作条例（修正草案）》（被称为著名的人民公社“60 条”），便将发展社办企业和手工业作为重要任务。这一要求本来是满足农村内部社会需要的，但没有意料到的是恰恰满足了中国工业化进程中简单协作和工场手工业阶段的需要。这不能不说是历史的某种巨大巧合！

更重要的是，集体经济组织为简单协作和工场手工业提供了特别重要的条件。首先，集体经济组织规模比家庭大，有可能进行内部分工，从而为简单协作和工场手工业提供组织基础，一部分人可以专门从事工业活动。其次，工场手工业及其之后的机器企业需要土地和劳动力。这在传统的家庭经济单位受到极大限制。所以，为数不多的工业主要集中在城市。即使是计划经济时代也是如此，由此造成新的城乡差别。随着集体经济组织的建立，发展工业所需要的土地和劳动力资源难题得以迎刃而解。一则在集体经济条件下，土地等生产资料为集体所有，发展集体工商业不需要支付土地费用。二则在集体经济条件下，集体工业的员工主要来自于农村集体成员。农村集体成员从事工商业比从事农业有更大的收益，有更高的积极性，同时他们所需要支付的社会成本又远远低于城市。三则在“政社合一”体制下的社队企业与基层政府直接相关，受到基层政府多方面的支持和保护。土地、劳动、政府构成集体企业特有的比较竞争优势，甚至造成乡镇企业挤垮城市国有企业的“小鱼吃大鱼”的特殊景象。这种集体经济拥有的比较优势是私人企业和国有企业都难以想象的，由此也为中国国民经济作出了巨大贡献，乡镇企业的产值一度占全国总产值三分之一多，是中国经济快速增长的发动机，成就了中国奇迹。

集体经济组织基础上发展的乡镇企业在工业领域的巨大成功，主要是适应了工业化进程中的简单协作和工场手工业阶段，满足了国内市场的巨大社会需要。中国因此走出了一条以农村集体经济为依托的农村工业化新路。这在世界上是绝无仅有的。

企业一旦进入市场就会产生强大的内驱力，不断为自己开拓市场，寻求出路。当以“苏南模式”为代表的乡镇企业因国内市场变化遭遇困境时，以“珠三角模式”为代表南方沿海地区的集体经济却在开放中开辟世界市场，促使乡村工业跨向全球化，创造了“世界工厂”，成就了新的中国奇迹！

与长三角地区不同，珠三角地区农村的社队企业不发达。农村改革之初，与全国一样主要从事农业生产并实行家庭经营体制。随着国家开放，亟须引进国家紧缺的资本，发展经济。大量“三来一补”外资企业进入珠三角地区，从而迅速推进这一地区由农业向工业的转变。各种工厂企业星罗棋布地聚集在广大的农村地区，昔日大片农田成为无数座厂房，直到形成著名的“世界工厂”。

与改革初的乡镇企业异军突起不同，珠三角地区的乡村工业一开始就与世界市场接轨，“两头在外”，一方面对外招商引资，引进外来资本；另一方面生产的产品主要销于国外，大大开拓了市场领域，并得以通过销售产品从世界上赚取利润。这对于中国具有划时代的革命性意义。在中国，基本上没有从他国获得大量利润的历史。20 世纪 90 年代以来，中国一跃成为最大的外汇储备国，以珠三角地区为代表的乡村工业在其中功不可没。

改革之初的乡镇企业尚是“星星之火”，乡村工业散落在各个地方和乡村。而珠三角地区的乡村工业发展处于全国的大开放之际，工业发展呈地区燎原之势，整个地区的农村呈整体工业化，企业在这里成龙配套，形成完整的产业链。由此也使这一地区从昔日的封闭农村到与全球联结起来，呈高度开放状态，并加速推动了市场化和城镇化，成为全国的领跑者。

珠三角地区的迅速崛起与世界经济走向密切相关。随着经济发展，世界发达国家早已完成机器大工业生产阶段，进入高科技产业时期。但是，机器大工业生产还有存在的必要和发展的巨大空间。一是发达国家自身有社会需求，但因为经济转型不能以物美价廉的产品满足社会需求；二是大量发展中国家的社会需求迅速增长，大机器工业却十分落后，无法满足需求。而世界资本也在寻找合适的国家和地方，发展大机器工业，满足社会需求。中国的珠三角地区因此成为历史的“幸运儿”。

历史不会无缘无故地宠幸谁。珠三角地区的崛起与其集体经济底色密切相关。与长三角地区有星罗棋布的城镇不同，珠三角地区除了广州等极少数城市以外，基本都属于农村地区。传统的集体经济在农业领域的低效益，却成就了工业领域的大发展。首先，因为缺乏内部积累，促使这一地区的集体经济组织将招商引资作为头等任务。其次，集体经济组织可以为企业提供廉价且有规模的土地。特别是各个乡村竞相引资，造成土地价格特别优惠。再次，由于工业发展获得的利润远远高于农业，促使大量农村成员“洗脚上岸”，愿意交出承包土地，通过入股分红的方式分享集体经济组织利润，并参与工业生产。最后，大量外来农民进入珠三角地区务工，村组集体经济不仅可以提供工作岗位，而且可以提供住房和安全保障。这对于个体企业和城市企业都是难以做到的。更重要的是，在国家政策的鼓励下和发展地方经济的激励下，地方政府为集体经济组织招商引资和发展工业提供了极大支持，由此形成地方的整体开发，大量资本和外来劳动力聚集在一个空间里，促使具有完整产业链的“世界工厂”的崛起。这一“工厂”因为廉价的土地、劳动和政府优惠政策，并与发达的市场体系相结合，而生产出物美价廉的工业产品，成就了新的中国经济奇迹。同时，原有的集体土地资源转化为巨额的集体资产。仅仅是东莞一地的农村集体总资产便达1200多亿元，占全国的10%，而在改革开放之初，东莞的总产值才不过6个亿。

珠三角地区的崛起得力于对外开放，其资本和市场主要在国外，是一种外动力、外源型经济。但外部世界也会发生变化。2008年,世界金融危机爆发，世界经济下行。珠三角地区长达20多年的“黄金岁月”遭遇了前所未有的挑战。一是西方发达国家意识到工业的重要性，并通过高科技力量重振工业雄风。二是世界总体需求萎缩。三是世界资本寻找比珠三角地区更为优惠的投资地点。与此同时，珠三角依托原有集体经济组织发展乡村工业也面临着内部困境。一是集体经济组织以入股分红的方式获得土地发展乡村工业，分红具有刚性。经济增长放慢的集体经济组织得满足不断增长的村民分红需求，为此甚至举债。仅仅依靠最早入股的土地分红，造成内在的发展动力的缺失。二是集体经济组织的大量土地用于修建厂房，虽然将集体土地由资源变为了资产，但一旦厂房不能运转，资产无法变为资本，也无法重新恢复为土地资源。由于厂房闲置还有可能成为负资产。2012年，仅仅是东莞村组两级集体总负债达245.4亿元，负债率高达19.8%。三是集体经济组织与村组织合为一体，承担了越来越多的公共管理和社会福利职能，造成经济负担过重，村级资金用于扩大再生产的能力减弱。四是集体经济组织最初发展工业所给予的政策优惠不再存有，政府对于集体经济组织的支持发生变化。正是在内外环境发生急剧变化的情况下，有人预言珠三角地区将会由于产业的衰败，成为诸如世界许多由于产业兴衰导致地方兴衰的另一个案例，其兴也勃，其衰也忽。

但是，珠三角地区并没有沉沦和衰败。重要原因是，在中国，农村发展从来主要依靠的是内在的力量，而不是外部救济。由于产能过剩，中国的东北地区经济急剧下行，社会压力增大，走出困境相当困难。重要原因之一是城市国有企业长期被视为“共和国的长子”，形成对国家的依赖，其内在动力严重缺失。珠三角地区农村集体经济组织的最初发展主要是借国家开放的东风，在外寻求空间，依靠的是自我的力量。面对新的挑战，以东莞为代表的珠三角地区努力寻求新的发展出路，这就是积极寻找内在的动力。一是根据市场变化，调整经济结构，生产适应市场变化的产品，不是过分依赖传统的世界市场。二是重新激活内部发展动力，通过市场的方式将闲置和沉睡的资产激活。经过20多年的经济高速增长，村民已积累相当的资金，可进行自我投资。激活资产的资本力量主要来自内部。三是发挥村组集体经济“船小好掉头”的灵活优势，激励各个村组各显神通，寻找新的出路。四是外部市场的变化推动着集体经济组织和基层政府转换思维，不是以分红获得村民的认同，而是以带动村民二次创业获得村民的支持。五是通过改革完善集体经济组织的内外治理体系，提高治理能力，向治理寻找活力。六是政府转变领导方式，着重于通过制定规划、改善环境、承接公共事务，引导和支持集体经济组织的转型升级。

尽管珠三角地区的乡村工业发展还在负重前行，但新的希望已经展现，没有陷入因外部环境变化所遭遇的灭顶之灾。这不能不归之于在农村底色下形成的集体经济自我发展、自我救济的内在动力机制。

东莞是“珠三角模式”的典型代表，取得巨大成就，也遭遇最大困境，通过激发内生活力的农村综合改革，正在实现再次崛起。

世界给了东莞一个机遇，东莞还了世界一个奇迹！

徐勇

2016年3月29日

专题报告篇

激活内动力：在转型升级中实现城乡统筹发展[①]

——基于广东省东莞市农村综合改革的探索与实践

曾经，东莞以短短几十年时间实现了从农业社会到工业社会的跨越，创造了“东莞奇迹”。然而，近年来经济发展的新形势给曾经的奇迹带来了许多新的挑战，外源型的增长模式面临动力不足、发展疲软的困境，甚至曾经出现“希腊化”的隐忧。面对经济和社会转型的双重压力，东莞市以农村综合改革为契机，积极探索农村发展转型升级之道，以“激活内动力”为核心，即以经济转型、服务完善、治理升级为三大动力，通过“统筹、分治、合作”三步走，实现经济和社会协同发展，在盘活资产中提升经济水平，在治理改善中促进社会转型，多管齐下、全面突围。东莞立足农村发展的内在动力，通过内生外动的改革实践，探索了一条农村综合改革的有效途径，推动了东莞城乡发展一体化的实现，为全国的农村改革提供了可靠经验。

一 全方位突围，激活内动力，打破外源性增长乏力僵局

前几年，东莞农村一度出现收支失衡、收益增幅下降、债务风

① 作者：华中师范大学中国农村研究院李晓群、武冬蒙。

险等问题，其根源是农村集体经济单纯依靠外源动力的传统发展模式无法适应形势变化要求。对此，东莞市从优化集体经济发展入手，结合服务完善、治理提升，进行了多元化探索，实现全方位的转型升级，盘活了集体经济，推动了城乡统筹发展。

（一）以经济转型为牵引动力，挖掘内源潜力

东莞的农村发展转型升级，是全方位的改革，而集体经济的发展是其中不容忽视的重要部分。如何让集体的“钱袋子”鼓起来，让农民获得更多收益，是东莞农村综合改革必须解决的关键问题之一。经济转型决定改革成效，为此，东莞坚持以经济转型为牵引动力，挖掘农村综合改革的内源潜力，变外源性增长为内外结合的可持续发展。

一是多元化探索，拓宽发展渠道。面对单一的物业型经济带来的增长增收乏力，东莞市在推进集体经济多元化发展、盘活集体资产方面进行了多方位的探索。首先，实施物业提升优化计划，根据东莞各镇街实际情况，东莞市政府出台了“三重”项目奖励、“三旧”改造优惠等政策，鼓励农村集体自主引进上规模的优质项目，统一规划建设和改造集体物业项目，提升物业质量和经营效益。其次，实施服务型经济发展计划，支持农村集体通过统筹重建、村企合作、组建公司等，因地制宜发展人才公寓、酒店商务、物流仓储、餐饮娱乐等产业配套相关的有偿服务项目。最后，实施投资型经济培育工程，鼓励将闲置资金投资保本型的理财产品，入股市信托、市交投集团等市级投融资平台的优质项目。近两年来，东莞全市已有12个镇83个村投资11.1亿元参与东莞信托的“从莞高速”等理财项目，累计实现投资收益8400多万元。其中，凤岗镇雁田村是东莞村组投资型经济发展的典型代表，该村与社会资本合作设立担保公司，确保村收入平稳增长。高级物业型、服务型、投资型经济成为拉动东莞集体经济发展的新的增长动力源，拓宽了集体经济的发展渠道，引导农村集体经济从注重资产管理向资本运营

转变。

二是规范化交易，保障经营秩序。庞大的集体资产总量给农村经济发展奠定了坚实的基础，也给基层经营管理者带来挑战。自2012年起，东莞市开始探索建设农村资产交易平台，进一步规范集体资产交易程序和范围，目前全市已建立32个镇级资产交易平台，建成372个村级交易点，实现了全覆盖，并在虎门、寮步开展集体资产网上交易试点。交易平台的运行拓宽了信息发布渠道，为交易双方提供更宽广、更及时、更便捷的双向选择平台，增加了资产交易过程的透明度。此外，东莞还探索建立了覆盖市、镇、村、组四级的农村“三资”监管平台，对村、组两级的账目、合同、票据等进行实时监控，通过监管平台可及时掌握集体开支、股东分红、产权变动、经营状况等动态信息，真正从体制机制上堵塞“三资”管理漏洞，使干部“清清白白”、群众“明明白白”。

三是统筹化开发，提高规模效益。为了实现资源的有效整合与利用，东莞市对村组经济进行统筹发展，对组级经济组织灵活采取直接合并、设立分社或组财村管等三种方式推进统筹管理。目前，全市567个村（社区）有533个基本完成统筹改革，有效地改善了组级经济各自为政、分散发展的局面，减少了管理人员和费用开支，提高了资源的使用效益和产出效率。此外，东莞市推进统筹土地开发利用，积极推进土地资源统筹整合，促进农地规模化经营，提高了规模效益。东莞市以创建全国城乡土地生态综合利用试点城市为契机，通过置换、回购、转让、整体包租、合作入股等方式，统筹整合形成连片建设用地，为重大项目落地和加快发展提供支撑。例如，厚街镇通过政府引导、企业运作的方式，在保持集体建设用地权属不变的基础上，将原占地面积6万平方米的6家小、旧工厂，集中成片进行二次开发，建设国内领先的鞋材鞋业专业市场，进一步推动产业集聚，提高发展水平和效益，整合开发后，集体租金收入较过去翻了一番多。

（二）以服务健全为强效推力，激发社会活力

在农村综合改革中，东莞注重服务完善，探索政府、社会、市场多方联动提供服务，坚持主体多元化、服务专业化、运行市场化的方向，整合农村社会化服务资源，以服务健全为强效推力，为经济发展提供良好环境。

一是明确政府职能，推动公共服务均等化。一方面，以“三统筹”提升农村公共服务供给能力。随着村级治安、环卫和行政管理支出不断增加，为缓解部分村（社区）出现的收不抵支的情况，东莞市制定了《东莞市村（社区）基本公共服务专项资金补助实施方案》，从2013年起，东莞市按照“保基本、保必须”的原则，市政府从市镇参与分成的税收收入中切块5%，用于补助全市村（社区）的治安、环卫和行政管理支出。其中，2015年切块补助资金达到18.3亿元，切实减轻了农村基层的负担。以后每年的补助将随市镇参与分成税收收入同步增长。另一方面，提升新莞人服务，缩小基本公共服务群体间差异。自2010年起，东莞市开始探索社会保障体制改革，逐步建立起城乡一体的社会养老和医疗保险制度，消除了原先农民与居民的社会保障差异。同时，通过创新积分入户等机制，解决新莞人子女入学、社会保障等外来人口的服务问题，促进了新老莞人的融合。

二是加快简政强镇，推动行政服务高效化。东莞在推动农村综合服务改革中，首先从政府职能转变抓起，加快精简行政审批事项改革，力图简化行政服务程序，提高服务效率，方便群众办事。通过全面清理市政府职能及审批事项，并创新将日常管理事项纳入清理范畴，对投资、社会事业、非行政许可审批等重点领域、重点部门和重点事项加大取消力度，进一步压减行政审批事项。同时，自2009年以来，东莞选择石龙、塘厦及多个中心镇进行试点，推动简政强镇事权改革，进一步下放行政审批事项，进一步扩大基层管理权限。此外，结合广东省推行地方各级政府工作部门权责清单制

度的部署，东莞市制定了《东莞市推行权责清单制度工作方案》，在市镇全面推行权责清单制度，进一步梳理市镇职能边界，为进一步简政放权、提高行政效率奠定了基础。

三是放权市场主体，推动社会服务常态化。由政府直接供给服务的模式已不再符合群众需求，其无法克服投入成本高，服务主体缺位造成服务内容脱离群众需求等弊端。为此，东莞市推动简政放权的改革中，一方面将行政事项下放给镇（街道），纵向到底；另一方面则是强调通过政府购买等形式，将部分政府服务职能转移给社会组织等承担，实现服务横向到边。近年来，东莞市大力培育发展社会组织，高标准建设社会组织孵化基地，重点发展和加快建设枢纽型组织体系，目前全市共依法登记注册的社会组织有3661家，社会组织数量在国内处于先进地位，为政府职能的转移奠定了一定的基础。同时，东莞加快引进专业社工机构，通过购买服务的方式，从直接服务向间接服务转变。以中堂镇开展的居家养老社工服务为例，政府每年投入4000万元委托社会专业社工机构，对全镇符合条件的1500名老人进行全方位的居家养老服务，该服务以家庭为基础、以养老服务站为依托，以专业化社会服务力量为依靠，为居家老人提供生活照料、家政服务、文化娱乐和精神慰藉等社会化服务。

（三）以治理升级为联动活力，培育群众主力

东莞在推动经济转型升级过程中，十分注重基层治理水平的提升，尤其是引导群众参与方面进行了大胆的尝试，初步构建起政府引导，群众有序参与的基层治理格局。

一是以组织为载体，理清职能边界。首先是加强基层党组织建设。将原先村（社区）党委、党总支、党支部全部改设为党的工作委员会，作为镇街党委的派出机构，明确党工委作为所驻区域的居民自治组织、各类经济组织和社会组织的领导核心。其次是加强基层自治组织建设。村（居）委会作为基层群众自治组织，承担了过多的行政事务。为此，东莞市近年来梳理村（居）委会职能

清单，将行政事项尽量从村（居）委会中剥离，明确村（居）委会的自治职能。同时，加强带有自治性功能的社会组织建设，比如罗沙社区的一事一议自治理事会、中堂村的党群联席会议等。以罗沙社区为例，一事一议自治理事会是参与社区建设、管理和发展等重大事项的协商、议事和监督的民间自治组织，激活了社会自治活力。最后，规范集体经济组织建设。在村集体资产、企业的管理探索方面，建立了一批集体经济自治组织，如村级工业办、村级经济理事会、监事会，有效搭建了村（居）民对村集体经济的管理和监督平台。

二是以机制为保障，夯实治理基础。在推进基层社会治理创新中，东莞市通过完善参与机制、激励机制、监督机制，极大地激发了群众的积极性，保障了社会治理的规范运行。首先是创新群众参与机制。一方面，推进干部观念转换，建立领导干部直接联系服务群众机制，通过上门走访、重点约谈、座谈听证等各种方式，宣传法规政策，掌握社情民意，让群众参与到公共事务中来。另一方面，通过组织巷长、楼长、中心户长等精英，发挥其在征集民意、化解纠纷、采集信息等方面的作用，促进居民之间沟通交流与邻里互助，推动解决居民关心的难点问题。其次是完善监督机制。全面推开村务监督委员会建设，结合农村党风信息公开平台，拓展电话、短信、网站、视频点播等多方位的监督渠道。同时，结合村级预算制度和“三资”监管平台等，对村级集体经济重大事项决策程序和落实情况、财务预算编制、自治章程和村规民约执行情况、“两委”干部履职情况等采取全程监督，保障群众知情权、参与权、监督权。最后是完善激励机制。近年来东莞着力扩大村级公益事业“一事一议”财政资金奖补规模，围绕群众需求最迫切、反映最强烈的村（社区）公益事业建设项目，鼓励村（居）民积极表达诉求、参与公共事务，促进公益项目落地。

三是以平台为依托，拓展参与渠道。东莞市着力通过平台搭建，促进自上而下和自下而上的沟通，推动基层民主协商的建设。

为此，东莞市从党组织和群众协商开始，建设党代表工作室，打造党群协商平台。创新协商机制，凝聚共治共识，2010 年 6 月，东莞在全省率先成立覆盖全市所有机关、镇（街道）村（社区）、“两新”组织的 616 个党代表工作室，方便群众零距离向党表达意见。全面推动镇（街道）领导干部驻点普遍直接联系群众制度落实。2015 年以来，党代表工作室继续发挥作用，全市近 6000 名省、市、镇三级党代表共接待 5730 名基层党员群众，收集意见、建议 11460 条。大力推进社区综合服务管理中心建设，整合政府各部门延伸到村（社区）的服务机构站点，承接上级党委、政府交办到村（社区）的 97 项行政和公共管理任务，为群众打造一站式政务服务平台。预计到 2016 年底，全面完成村（社区）综合服务管理中心建设，其服务范围覆盖到所有的村。在莞城罗沙社区依托中心资源实施“一事一议一自治”的服务机制，社区综合服务中心的服务项目由村（居）民自主提议评议、中心审定，变“政府配餐”为“群众点菜”，市、镇财政按“以奖代补”的方式进行适当补助。通过社区综合服务中心的点菜式、项目式服务，解决了一批与群众生活息息相关的问题，拓展了农村社区服务内容，创新了村民自治方式。

二　多层次保障，巩固动力机制，破解经济发展耐力不足难题

面对经济和社会转型的双重任务，东莞不仅要找到内动力源，更要建立相应机制，以此保障动力持久。为此，东莞市创新统筹整合、分类治理、互动协作的模式，促进村（社区）因地制宜地有效转型。

（一）统，以整合实现资源优化

一是顶层设计统领改革规划。东莞市委市政府从最紧迫、最突

出、最重大的问题入手，确定以完善农村产权管理制度、转变集体经济发展方式、创新农村基层社会治理和提升农村公共服务供给能力等四个方面的改革方向，推动改革在重点领域和关键环节取得突破。先后出台了深化农村综合改革、加强镇村集体经济管理、深化农村管理体制改革、镇村集体经济转型升级、产业转型升级若干意见、集体经济统筹管理等“1+5系列文件”，对新一轮深化农村综合改革进行顶层设计；印发实施《东莞市建设全国农村综合改革示范试点实施方案》，明确了水乡特色发展经济区、莞城、黄江、虎门等试点地区的改革重点，确保改革各有侧重、各具特色。二是制度规范统筹村组资源。为充分整合资源，东莞市出台了《东莞市村（社区）规模调整工作指导意见》，从人口规模、经济发展等多方面考虑，调整村（社区）规模，探索村组体制改革，打破村组设置和管理权能界限，撤销村民小组建制，减少管理层级，以此加强集体统一行动力度。同时，通过设立“三旧”改造、村重点项目税收等，由政府统筹开发土地和资产，由政府财政兜底，鼓励村组加入政府项目建设，避免村组各自为政的局面。

（二）分，以分治实现因地制宜

面对基层复杂多变的情况，东莞在农村综合改革中注重基层的首创精神，强调因地制宜，分类突围。一是类型化发展。东莞市各个镇街自然资源、发展水平都存在较大差异，尤其水乡片和山区片由于地理位置和自然条件的不同，其发展模式各有侧重。为此，东莞在选择改革示范点时综合考虑各方面因素，有针对性地选择了具有代表性的水乡特色发展经济区、莞城、黄江、虎门“一区三镇街”作为试点。镇街层面按照地理位置、行政架构、经济结构、人口结构等情况，将社区划分为不同类型，开展综合改革试点工作。通过设立奖励基金和专项资金、村招商引资、“三旧”改造、村重点项目税收等奖励政策，鼓励各镇街、村（社区）积极探索特色发展模式。二是多元化转型。在转型的方向上，东莞市鼓励各村（社区）多元化探索，经济发展模式不再单一局限于物业经济，不断拓展服务型和投资型经济的发展，鼓励村（社区）采取共同管理或资金入股多元形式共同发展集体经济。在产业结构和经济业态上，也鼓励多元产业的形成，比如南城街道高端科技产业聚集的高盛科技园、虎门镇的电商产业园就是促进产业从一元向多元发展的典型代表。

（三）合，以合作实现互动共治

一是层级协作。农村综合改革需市、镇街、村（社区）共同协作，通过层级联动实现层级联通，实现资源的最优化。一些镇的干部表示，“东莞作为不带县的地级市，镇街在改革顶层与基层中起到非常重要的连通作用，一方面要做好上传下达；一方面要统筹好村组各项工作”。通过明确镇街中间环节职能，明晰其传达政策、指导发展、参与督促等方面的职责，充分释放了镇街的执行功能，激发了基层创造性。二是部门联动。东莞市确立为全国农村综合改革示范试点后，明确了市委农办作为综合协调部门的组织协调和指导督促职能。建立了镇村经济发展联席会议制度，由市长担任召集人，不定期召开会议，专题研究集体经济产业升级政策、奖补资金分配等问题，实现了方向引领上的统筹。同时将农村综合改革工作纳入各镇街党委政府的议事日程，搭建了以主要领导为第一责任人、分管领导具体负责、党政办主抓日常工作的领导机构，形成分工明确、责任到人的镇街工作格局。三是村村协同。通过建立镇村合作、村企合作、村村合作等发展模式，提高村（社区）作为改革第一实践者的积极性，依靠市统筹和镇街统筹招商资源的方式，村（社区）引进更多优质发展项目。如黄江打破村域、地域界限开展金湖郦城项目，将田美社区原6个村的农民集中安置于新建社区。

三　在经济发展中实现城乡统筹：激活内动力促进经济转型的成效

面对集体经济增收困难，缺乏经济增长动力及日益复杂的治理难题，激活内动力是东莞市推进经济产业结构调整升级、基层治理体系、治理能力现代化的主动探索和积极实践。经过一段时间的探索，东莞通过“规划起来、统筹起来、组织起来、经营起来、富裕起来”的思路，加快经济转型、提升公共服务、创新社会治理，从而使集体资产得到了盘活，基层民主得到了发展，加快了城乡统筹的总体步伐，成效显著。

（一）“规模化、资本化、规范化”，盘活了集体资产

东莞农村集体资产约占全省三分之一，这些资产如果不加以有效开发利用，就只能不断内耗，而无法产生更多价值。为此，东莞市积极探索盘活集体资产的有效途径，从内动力入手，通过统筹开发、共享式发展，促进集体经济实现转型升级。

一是资产开发规模化。近年来，东莞市积极推进土地资源统筹整合，促进农地规模化经营。2015 年已整合建设用地 1000 亩以上大地块 10 块 2.4 万亩，有效地解决了农村用地分布较为零散、使用率不高、规模化效益低等问题，从分散到集中的布局调整，实现了从市镇村组四轮驱动的单打独斗向市镇村统筹发展的转变。二是资产运营资本化。通过完善鼓励集体经济多元化经营的政策措施，引导了集体经济组织联合发展、股份合作、投资理财产品等多种渠道，同时促进了高级物业型经济、投资型经济和服务型经济的发展，也促进集体经济从单一的租赁型向多元化方向发展。如麻涌镇截至 2015 年 9 月底，全镇各村组共有 6.08 亿元投资从莞高速及信托理财产品，年收益比定期存款增加 1700 多万元。三是资产交易规范化。目前，东莞市村组两级所有交易都必须在农村集体资产交

易平台上进行，切实从体制机制上管好管住了集体经济的“钱袋子”，有效地降低了农村集体资产交易的随意性，增加了资产交易过程的透明度，同时变事后监督为全过程监督，进一步规范了集体资产的经营、管理等行为，实现了集体资产管理的阳光化、信息化、系统化和规范化。截至2015年9月，东莞农村集体资产交易平台成功交易2万多宗，交易金额已突破280亿元，交易总体溢价率达9.4%，为村、组两级集体经济组织带来直接增收24.2亿元。

（二）“政府推进、社会补充、群众参与”，发展了基层民主

在基层民主方面，东莞不断提高均等化公共服务的供给，不断探索基层党团组织、自治组织、经济组织和社会组织四方联动模式，不断优化基层管理和群众自治，努力把基层发展好、治理好，进一步发展了基层民主。

一是加大了政府统筹，均等了公共服务。东莞市正处于产业转型的关键阶段，公共矛盾比较集中和突出，各村级治安、环卫和行政管理支出不断增加，部分村（社区）出现收不抵支的情况较为频繁。东莞的农村公共支出、治安、环卫的统筹化管理改革有效地破解了这一难题，通过提升市镇两级政府统筹公共服务的能力，推动实现市、镇、村事权与财权的统一、增强了农村治安联防组织效能、实现了城乡环卫标准化、一体化管理。同时在机制上建立了城乡一体的社会保障制度，实现城乡居民教育、医疗统一缴费标准、统一待遇，推动了城乡服务均等化的发展。二是激活了社会力量，弥补了政府治理的缺位。各级政府作为社会管理的一个重要主体，在社会管理服务中有着独特优势，但政府也有自身难以克服的固有局限，以往的管理过程中，往往只见政府主导，不见社会主体。为此，东莞市建立起政府购买社工提供公共服务机制，通过政务服务中心、社工服务站、综合服务中心等载体，构建起政府、社工、群众联动的市场化治理服务体系。通过政府购买社工服务方式，大力引进和培育民办社工机构，不仅降低了政府行政成本，弥补了服务

主体的缺位，还大大提升了政府服务水平。三是激发了群众热情，促进了基层自治的有效实现。传统外在式的治理难以满足群众日益强烈的参与需求。东莞通过社区、村组自治的探索，通过网格化管理，划小了自治单元，联结其楼长、巷长等自治力量，激发群众参与的内源动力，使自治得以运转。同时通过“一事一议一自治”的服务机制的建立，扩大了社区参与的渠道，探索出村组、社区民主决策、民主管理、民主监督的有效途径。

（三）“产业发展、城乡一体、人口融合”，促进了“三化同步”

在过去的发展中，东莞从农业时代快速跨入了工业时代，实现了工业化的奇迹，但同时城镇化却相对滞后，居民的市民化程度则更为欠缺。工业化、城镇化、市民化三化不同步引发的经济和社会发展的系列问题不容忽视。为此，东莞在推进产业发展的同时，着力发展城乡一体，提高人口融合。

一是产业发展现代化。在盘活农村集体资产的同时，东莞着力升级产业结构，引进高端制造业，力求业态多元化。另一方面，东莞还积极探索农业现代化，引入工业、服务业发展理念和现代经营管理理念，创新现代农业经营体制机制，发展多种形式经营模式，构建了集约化、专业化、组织化、社会化相结合的新型农业经营体系。同时，积极发展都市农业，树立农田农地就是城市公园的理念，大力整治农田环境，建设了“桥头荷花”等一批农业休闲观光基地，拓展了农业的生态、生活功能。二是城乡发展一体化。一方面，近年来，东莞加快建立并健全了农村公共财政保障机制，加强农村基础设施建设，加大了城乡公共服务一体化建设的力度，减轻了农村集体经济的负担，推动了基本民生服务由城市人口向农村人口延伸，缓解了农民与居民之间的差距。另一方面，东莞通过市、镇、村（居）统筹发展的模式，整合资源，合作共享，保障了农村的经济发展，弥补了农村发展的资源劣势。三是农村人口市民化。在社会保障方面，东莞自2010年起就取消了“职保”和

"农保"的区分，实现了城乡居民的一体化。同时，东莞作为一个外来人口众多的工业城市，建立了与积分制相协调的户籍、社保、教育、住房、医疗等配套政策，力推公共服务均等化。此外，探索选拔优秀新莞人党员进入村（社区）党支部或兼任村（社区）相关职务，共同参与村（社区）决策管理，从组织归属、政治参与、公共服务、文化认同等多方位引导新莞人融入。四是促进区域发展均衡化。因自然地理等条件差异，东莞的水乡片与山区片在经济、民生设施等方面存在较大差异。为提升水乡地区经济社会发展水平，省委省政府高瞻远瞩作出东莞水乡统筹发展战略决策，成立了水乡特色经济区管理委员会协调水乡地区建设。同时，市从基本公共服务补助、基础设施建设等方面予以资金和政策的倾斜。目前，正以改善农村人居环境为突破口，从城乡一体化规划、基础设施建设、土地集约化利用等方面着手，推动水乡镇村生态、经济、社会治理实现大跨越，力争打造成为国家水乡生态文明建设示范区、粤港澳优质生活圈的特色区域、珠江口东岸产业优化发展先导区和穗莞战略合作重要平台。

四　东莞市农村综合改革的经验与启示

东莞自开展农村综合改革以来，不断探索农村发展的创新路径，在推进农村经济发展、社会转型方面取得了重大的效果，也产生了许多有益经验，值得推广。

（一）激活内动力是促进农村集体经济转型的核心

农村集体经济的发展走过了依靠外部资源和条件的阶段，曾经取得了令人瞩目的成绩。然而，随着国际经济形势和国内产业结构的调整，这种过分依靠外源动力增长的模式已经难以适应经济发展的要求。因此，促进农村集体经济的转型升级必须向"内"寻求可持续发展的动力源。一方面，需要积极探索农村集体经济本身的资源和条件，通过政策引导、机制完善、科学管理等措施盘活集体资产，推动现有资产、资源、资金实现保值增值。另一方面，要积极将外部的资源、条件转换为内部的动力。如外来的人口，东莞的人口结构严重倒挂，外来人口占2/3以上，面对如此庞大的外部人力，只有将外来人口纳入治理体系，才能减少日益高昂的福利成本和治理成本，激发新莞人的动力。

（二）集体经济转型是农村社会发展的基础

集体经济是东莞的“名片”，曾经创造了许多奇迹，但随着经济社会的发展，集体经济的困境也成了制约东莞农村发展的瓶颈。东莞农村的发展创新必然绕不过集体经济的转型。因此，集体经济的转型升级自然成为东莞农村综合改革的基础。东莞通过合理地规划、统筹开发，实现了资源的最大化和最优化利用；通过交易平台与监管平台的建设与运行，实现了集体资产管理的规范化；通过经济发展模式的探索和产业结构的升级，实现了集体经济发展的可持续性和多元化。集体经济的转型升级，为农村综合改革扫除了许多障碍，提供了经济基础和支撑；同时经济的发展带来的农民增收，也为提高农民的社会参与、缓解社会矛盾发挥了重要作用。

（三）社会治理升级是集体经济转型的重要保障

社会治理创新是当前社会发展的重要任务，经济的转型必须要结合治理的转型，让民众成为经济和治理的主角，这样才能重新激活内在的动力。在综合改革中，东莞注重创新基层治理方式方法，探索基层党团组织、自治组织、经济组织和社会组织四方联动，从破解基层治理主体缺位入手，围绕政府、群众、社会、市场四大治理主体推进改革工作。同时，在改革过程中，东莞将改革的焦点集中在机制创新上，通过建立灵活、多样、快捷、有效的治理机制将几大治理主体有机地联系起来，从而构建起“政府—群众—社会—市场”的社会治理网络，为社会治理的长效可持续发展奠定了坚实的基础。

（四）城乡一体化是农村综合改革的最终目标

无论是农村综合改革还是“三化同步”，其根本目标还是实现城乡的一体化发展。唯有城乡实现一体化，才能更为有效地保障经济发展的动力和稳定环境。东莞市从实际出发，推进城乡一体化发展，坚持以工促农、以城带乡、城乡互动的方针，以统筹村组经济、土地等资产为物质基础，以治安、环卫、公共开支的“三统筹”为关键，构建城乡一体、新老共享的社保、教育、卫生等服务体系为支撑，大大缩小城乡差距，实现了城乡服务标准化、一体化管理，同时以转型升级为抓手，以科学规划为龙头，突出把握好城乡一体化规划的关键环节，着力推进政府统筹下的城乡一体化规划发展，为推进农村综合改革发展减少了阻力、增加了助力、形成了合力，营造一种和谐稳定的社会环境。

注释：

1. 三重：重大项目、重大产业集聚区、重大科技专项。

2. “三旧”改造：旧厂房、旧城镇、旧村居的改造。

3. “1 +5 系列文件”：《中共东莞市委、东莞市人民政府关于深化农村综合改革推进城乡统筹发展的意见》（东委发〔2012〕27 号）；《中共东莞市委东莞市人民政府关于推动镇村集体经济转型升级加快发展的若干意见》（东委发〔2012〕24 号）、《中共东莞市委、东莞市人民政府关于进一步深化农村管理体制改革的若干意见》（东委发〔2012〕26 号）、《中共东莞市委东莞市人民政府关于加强镇村集体经济管理的若干意见》（东委发〔2012〕25 号）、《关于印发〈东莞市农村（社区）集体经济统筹管理实施办法〉的通知》（东府办〔2012〕128 号）、《关于印发加快推进“三旧”改造促进产业转型升级若干意见的通知》（东府办〔2012〕114 号）。

4. 一区三镇街：水乡特色发展经济区（10 镇 1 港）、莞城街道、黄江镇、虎门镇。

5. 三资：资产、资源、资金。

第一部分　农村集体经济转型升级探索

分类突围:探索集体经济转型新路径①
——基于广东省东莞市农村集体经济发展的实践与探索

作为我国农村集体经济最发达地区之一的东莞市，近年来却面临着刚性支出负担加重、增长渠道过于单一、社会管理任务繁重等转型之困。以四轮驱动、“三来一补”为标志的传统发展模式弊病日益凸显，“东莞奇迹”难以延续，集体经济转型刻不容缓。为此，广东省东莞市卸下昔日荣光，提出再创转型发展的“新东莞模式”，并在改革发展中探索出三种突围脱困的新路径。具体包括：牵引突围，即以利益共享机制引导集体参与发展，将“静态”资产变为“动态”资本；组团突围，变“单兵突进”为“整体联动”，以叠加力量推动经济转型；内聚突围，通过改造传统和发展新型优化经济结构，以存量与增量双向积聚强化内源力，实现集体全面升级。

一　牵引突围:以利益共享激活集体参与,促使经济化“静”为“动”

集体资产闲置而无法转型或不愿转型，是东莞集体经济改革的

---

① 作者：华中师范大学中国农村研究院刘思。

主要阻碍。对此，东莞以全方政策减少负担，以全市统筹加倍收益，以全新机制去除顾虑，助推集体参与经济改革。

（一）全方减负，让集体轻装参与

为让集体经济动起来，东莞首先采取一系列措施减少转型参与障碍。一是公共服务统筹，为集体开支减负。自 2013 年起，东莞从市镇税收中切块 5%，设立基本公共服务专项资金，用于补助农村治安、环卫、行政管理等重大事务开支，切实减轻村级公共服务支出压力。二是节支减债，为债务负担减压。通过还贷基金、收款与绩效工资挂钩、村级预算等制度以及部门联合追收，2015 年1 月至 8 月，全市村组两级实现经营总收入 112.7 亿元，增长 5.7%；经营总负债 43.2 亿元，下降 3.5%；经营纯收入 69.5 亿元，增长 12.3%，“增收节支”初见成效。三是改革管理体制，为集体工作减量。在村（社区）建立政务服务中心，承担政府下放的多项行政事务；建立 37 个公共服务站，直接提供社会服务。四是搭建两大平台，为经济转型减疑。麻涌镇新基村书记表示：“以前‘干部不敢，群众不让’，平台建设使‘干部清清白白，群众明明白白’，误会大大减少。”

（二）效益倍乘，让集体主动参与

收益是激发集体经济参与的关键，而这需要优质的项目经营做支撑。为此，东莞政府多方统筹，推进高效项目的发展。首先，联合统筹规划，精准定位发展。由市、镇、村三方共同注册成立合作公司，统筹村土地资源，并统一谋划发展。其次，多措招商引资，精选优质项目。成立“东莞市重大项目招商引资工作领导小组”、出台“1 + 5”招商新政、改革项目投资审批体制等，东莞全方发力，在 2014 年成功使大朗三星项目、松山湖记忆科技项目、环普工业园项目等多个重大项目在东莞落地。最后，全程跟踪监管，确保稳定运行。建立分级协调和跟踪督查制度，对项目运行前、运行中以及运行后进行全流程监管，保障项目有序运转。

（三）风险细除，让集体长效参与

东莞创新风险承担机制以及利益分配机制，进一步除去集体参与的顾虑，以使集体转型参与常态化。一方面，风险承担最小化。由合作公司承担开发建设及运行成本，并承担项目一切亏损，将村风险承担范围限于原有用地的可能性收益或原有资金的银行利息收益。另一方面，利益分配最优化。2013 年在洪梅镇政府引导下，梅沙村统筹 2100 多亩土地，并按镇、村与东实公司 2∶2∶6 的占股比例分成，使村集体增收 2000 多万元，推进了梅沙村经济发展。梅沙村委会主任表示：“村年年收不抵支而陷入贫困，统筹后，群众得益，集体增收，村（社区）脱贫指日可待。”

二　组团突围：以整体联动统筹集体力量，推动经济由“散”到“合”

东莞村组集体经济总量大，各村组却分散不均。且“村村点火，遍地开花”的“单兵突进”发展，随着经济发展要求变化步履维艰。介于此，东莞化零为整，推进“整体联动”式的发展。

（一）村内统筹，扩大集体行动力度

东莞首先从集体经济的基础单元—村组施力，消除两极分化格局。一方面，扁平化组织管理，强化集体统筹。东莞打破村组设置和管理权能界限，撤销村民小组建制，减少管理层级，以此加强集体统一行动力度。如莞城将 72 个村小组合并为 43 个。另一方面，一级经济管理，强化集体经营。以自愿原则为基础，在小组经济平衡的村（社区）直接撤销经济合作社，在经济发展不平衡的村（社区）采取设立分社或组财村管。黄江镇 67 个组级经济合作社，已有 63 个自愿实行撤销。通过统筹组级经济，集中集体资产的经

营、收益和处置权。

（二）跨村协同，扩展集体联结空间

东莞进一步打破行政区域界限，跨村形成多层级协同，大大扩展集体经济整合空间。一是以连片开发形成村村协同。黄江打破村域、地域界限开展金湖郦城项目，将田美社区原6个村的农民集中安置于新建社区。二是以产业项目带动镇街协同。东莞积极推动长安五金模具与横沥模具制造、厚街家具创意与大岭山家具、中堂纸品与周边地区的造纸产业等同类型产业集群间跨镇街整合，共享资源。三是以优势联结发展跨区域协同。积极支持集体经济利用地域优势，跨市与广州、惠州、深圳等合作，跨省与中国台湾、海南、中国香港等合作。

（三）市场合作，扩充集体团结资源

为最大限度地整合资源，东莞鼓励村与企业开展多类型的合作，实现集体经济全面发展。其一，投资理财，整合闲散资源。如中堂镇潢涌村采取组建、土地入股等方式与建晖、金洲、银洲企业形成项目合作。如麻涌镇截至2015年9月底，全镇各村组共有6.08亿元投资从莞高速及信托理财产品，年收益比定期存款增加1700多万元。其二，产销对接，整合单户经营。东坑镇先后成立沙田盈港水产品、东坑为民阴菜等10个农民专业合作社，连结农户与企业，打造“龙头企业＋专业合作社＋农户”产、供、销一体化的经营格局。

三　内聚突围：以双向优化助推集体升级，加快经济变“弱”为“优”

经济结构简单单一成为集体经济长效增长的桎梏。东莞以此为突破点，以改造传统做强存量，以发展新型优化增量，通过双向施

力推进集体经济转型升级。

（一）改，以减强发展做强传统存量

转型并不等于完全抛弃。东莞在集体经济转型中借力传统，通过“减而不弱，少则更优”的减强发展优化传统集体经济存量。一是淘汰与整治，优化环境存量。麻涌将121家污染企业列入整治清单，并将“两高一低”的企业逐步清退，以环境改善提升实现“外面的人回来读书、回来居住、回来消费”。二是改造与提升，强化优势产业存量。东城将讯通实业有限公司10.89公顷旧厂房改造为商务区和商住区，大大提升土地价值，实现物业升级。同时，东莞通过技术提高、品牌建设，发挥服装、家具、五金、造纸等传统产业优势，提升传统产业综合竞争力。三是挖掘与突出，发挥文化存量。厚街把文化与产业融合，将文化优势作为经济转型的新支撑。如厚街通过家居文化节推广家具品牌，助推家具产业转型升级。还结合社区历史资源、文化遗产、民风民俗等元素，打造具有厚街特色、历史文化与现代商业相结合的文化创意商业片区。

（二）创，以增优发展做优新型增量

升级必须要主动适应时代发展的新常态，培育新的经济增长点。一方面，创造多元产业格局，优化增量结构。东莞南城街道大力发展现代服务业、高新技术产业、文化产业等城市型经济产业，建设高新科技园、奥博科技园、艺展中心、动漫城、金融街等，形成“一个龙头，三大产业”的发展格局。另一方面，创新高效产业经营，优化增量运行。新的发展形势还需要新的经营运行模式。莞城、寮步鼓励条件成熟的集体经济组织聘请职业经理人、专业运营团队负责集体资产的经营。东坑在镇经联总社下属公司引进企业化管理，建立健全现代企业管理制度，并建立网络数据库系统，实行网络统一管理运营。

四　转型升级：以多元探索分类突围，重焕集体“新生机”

东莞在危机中把握机遇，成功突围“希腊化”隐忧，创造出“新东莞模式”，为集体经济改革发展提供了借鉴经验与启示。

（一）分类突围是集体经济转型的必然要求

东莞依靠农村集体经济的活跃发展，迅速从农业县发展成为新兴工业城市，并在全市形成四轮驱动、“三来一补”的外向型“东莞模式”。也正因为统一的发展方式，单一的经济结构，2008 年金融危机到来，全市集体经济都不可避免地受到打击，部分村组一度出现“希腊化”隐忧。为避免重蹈覆辙，在推进集体经济转型升级中，东莞积极探索多元化经济发展模式，注重经济结构多元优化。因而，分类突围是东莞集体经济转型的必然要求和内在趋势。

（二）因地制宜是分类突围的内在基础

在探索集体经济改革发展中，东莞市政府高度统筹，成立专门领导班子，整体规划发展方案，并提供统一性的系列政策保障。同时，也注意到不同镇村集体经济面临的问题并不完全一致，转型的困难程度并不完全相同，发展升级所拥有的基础条件也差异明显。为此，东莞在市一级加强统筹，在镇村积极鼓励其探索适合自身实际情况的转型路径。并在这统分结合、因地制宜基础下，东莞成功探索出三种不同类型的突围方式。从本质上来讲，分类突围也就是因地制宜突围。

（三）分类突围的核心在于激活基层活力

农村集体经济的主体在于个人，集体经济的存在和发展建立在农民自愿选择和自主决定的基础上。“东莞模式”发展困境出现的重要原因之一，在于农民习惯原有发展、原有福利，不愿改变，导致集体经济发展缺乏活力，并逐渐被新时代发展趋势所抛弃。因而，激活基层参与活力成为突围发展的核心。东莞市积极探索分类突围，其实质目的就是根据各地的具体情况，通过引导、示范和动员等适宜的方式激发农民参与意愿，激活集体资源、资产与资金，增加集体经济收益，增强集体经济发展活力，以此长久推进经济升级发展。

（四）协同合作是分类突围的共有支撑

经济的发展既需要内部要素拉动，又离不开外部要素推进，推拉协同推进是实现经济快速平稳发展的关键。在具体的集体经济改革实践中，内在动力主要体现为村组经济的改革需求，外部推力主要是政府的强大统筹能力，同时还需社会组织的参与。东莞在经济改革中，不管是政府牵引式的发展，组团式的转型，还是内聚型的升级，三种转型模式具体路径不一致，但在发展过程中都是村集体与政府、企业、社会组织等多元主体共同参与，凝聚成强有力“合力”，最终才推动经济实现转型升级。

共享式发展:农村集体经济发展的新模式[①]

——广东省东莞市农村集体经济转型的调查与启示

改革开放以来，东莞依托外来资本、当地集体土地和内地廉价的劳动力，集体经济依托外向型发展道路实现高速增长，创造了经济发展的“东莞奇迹”。然而，随着工业化和城镇化发展程度的提高，农业的现代化和农村居民的市民化却出现了未能同步的困局。尤其在2008年金融危机之后，东莞农村集体经济的发展面临传统模式弊端凸显、转型升级后继乏力、公共服务负担加剧的难题。近年来，东莞市政府通过转型升级再造经济增长内在动力，让利减负破解债务负担加剧难题，构建了集体经济发展机会均等化、发展模式多元化和利益联结多样化的机制，开创了村组经济均衡发展、公共服务普惠供给、集体经济轻装上阵的发展方式，为新时期农村集体经济转型发展开创了“新东莞模式”。

一　提质增量:共谋经济转型之路

20世纪90年代初期，东莞借助于改革开放的政策红利，开创了农村集体经济发展的良好局面。随着我国经济改革的深化和经济

---

① 作者：华中师范大学中国农村研究院陈军亚。

发展转型，为了克服农村集体经济发展升级之困，东莞通过对土地、资金等以资源统筹为基础，实现农村集体经济发展机会的均等化、发展模式的多元化和利益联结的多样化，激活了农村集体经济发展的内在动力。

（一）统筹土地资源，共享发展机会均等化

为了解决土地分散，农地招商难度大等问题，在农民和村组自愿的基础上，东莞因地制宜，对农村土地进行了镇、村、组三级集中流转。一是土地规模流转。东坑镇集中流转坑美、塔岗、新门楼、寮边头、井美、凤大等6个村的山头水塘等农业用地，集中流转土地约4500亩。二是农业专业化经营。东坑农业园建设了“名贵乔木区、高产农业区、户外拓展中心区”等16个功能区，深挖土地潜能，探索“专业化分工、产业化经营”的发展模式，实现农业资源的集约利用。三是就业机会均等。东坑镇将优先聘用本地农民作为企业入驻农业园的基本要求，择优安排6个村的村民入园工作，重点解决“4050”村民的就业难题。据统计，东坑农业园吸纳解决农民就业人数280人，其中本地农民215人，实现了农民发展机会的均等化。

（二）激活集体资金，共谋经济转型多元化

东莞的传统集体经济以物业租赁为主，在政府、村集体共谋发展规划下，通过信托、合作、入股、投资基金等各种方式，探索集体资金经营的多元模式。一是发展方向由单一向多元转型。在政府的鼓励引导下，集体经济参与城市开发、产业投资、物业投资等多元领域。道滘镇引导闸口、北永、永庆和蔡白4个村累计投入11319万元参加“聚龙增值计划”和“从莞高速项目”，每年为村集体增收约700万元。二是经营模式由低级向高级转型。道滘镇创新推出“1+N”都市农业发展模式，建设济丰农业产业园、龙洲湾都市农业产业园等10个特色农业发展区。三是增长方式由重量

向重质转型。以重大项目建设为引擎，调整产业结构。中堂镇制定“两高一低”企业整治和退出机制，与10家产值低下、污染严重的小型造纸工厂签订有偿退出协议。同时，引进江南农批冷链物流、汽车商贸服务、跨境电商物流等优质项目。

（三）创新合作模式，共创利益联结多样化

为了推动集体经济稳步增长，东莞市凤岗镇创新三种土地合作开发利益分享方式，由村集体自行选择。一是全额返还。由村集体获得一次性土地出让收益。工业用地出让以后，市政府返还的土地出让收益全额返还村集体，镇政府不做任何提留。二是定额递增。由镇政府包干土地综合收益，并从市政府返还的土地出让收益中，按项目用地面积每月每平方米1.5元给村集体支付土地综合服务费，每5年递增5%。三是税收补贴。镇政府统筹土地开发，用地企业经营性税收市镇两级五五分成，镇政府将所得分成的40%给予村集体财政补贴。补贴总额按照用地面积每月每平方米折算不足1元，由镇政府全额补足。

二　让利减负:共享经济发展之实

为了促进集体经济健康发展，东莞一手抓转型，一手抓减负，通过欠发达村帮扶、公共服务供给、集体经济组织增资减债等系列措施，为集体经济发展减负，探索村组经济无差别发展、公共服务一体化供给、集体经济长效发展的新局面。

（一）均衡发展：为欠发达村发展减负，突破农村发展贫富不均困局

为了突破农村区域发展不均困局，东莞探索建立了区域协调发展机制。一是定点帮扶。每年从当年市财政收入中安排市内扶贫资金，用于实施定点帮扶、生态补偿、劳动力就业激励补助等，帮助

欠发达群体增收脱贫。二是税收优惠。对欠发达镇的优质项目实施税费优惠政策，着力从基础设施建设、人才保障、财税支持等方面建立扶持机制。三是镇村资助。凤岗镇设立1000万元专项资金用于扶持村组集体经济兴建、收购物业，解决欠发达村组的发展资金难题。目前，以免息贷款400万元给黄洞村用于项目建设，并实现全镇减免77万元的基础设施配套费用。

（二）普惠发展：为城乡一体化减负，跨越公共服务户籍门槛差异

东莞通过建立农村公共财政保障机制，不断提升农村公共服务的供给能力，有力推动了城乡公共服务的无差别、一体化发展。一是资金供给稳步增长。东莞从市镇参与税收分成的收入中切块5%，设立农村基本公共服务专项资金，建立了农村重大公共开支的基本供给和稳步增长机制。2015年基本公共服务补助资金达到18.3亿元。二是治安环卫一体化服务。通过整合治安联防小组，设立村级辅警等措施，通过统一培训和统一调度，以标准化的管理能力，改变了以往村级治安混乱、效能低下的局面。全市共30个镇实现了城乡环卫一体化服务，12个镇实现了村环卫事务管理资金零负担。三是社会保障无差别覆盖。东莞大力构建城乡一体的社保服务体系，推动民生服务从城市人口向农村人口延伸、由户籍人口向非户籍人口拓展，2015年最低生活标准每月610元，农村人均养老金每月669元。全市共388个村居建立了村（社区）卫生服务机构。

（三）轻装发展：为集体经济组织减负，破解集体经济发展收不抵支难题

以规范促发展，构建集体经济发展长效机制。东莞主要从以下方面开展工作：一是“四定”规范、卸负减压。实施农村“定人、定岗、定车、定经费”的“四定”工作方案，减轻村级行政开支

负担。二是合理分配、增资减债。建立还贷基金制度，明确规定凡有借款的村组，必须在每年积累中提留一定比例用于还债，同时，严格控制股东分红和公益福利费增资，减少超前超额分配。先后出台并实施农村增收减债工作方案和农村债权追收管理工作方案。三是预算管理，量入为出。东莞所辖村（社区）已全面推行村（社区）级预算制度，按照“量入为出、保障运转、促进发展”的原则，合理编制年度预算，增强集体收支的计划性、透明度和使用效益，把村级财务和“三资”管理纳入制度化、规范化轨道。2015 年 1 月至 8 月，全市村组两级实现经营总收入 112.7 亿元，增长 5.7%；经营总负债 43.2 亿元，下降 3.5%；经营纯收入 69.5 亿元，增长 12.3%，“增收节支”初见成效。

三　价值和启示

（一）“统筹起来”是实现共享式发展的根本前提

协调发展、整合资源是实现共享式发展的根本前提。共享式发展的促进因素，在于合理配置土地、资金等发展资源，通过土地的规模化利用和集约化经营，形成经济发展的合力，并保障各利益相关者的收益，尤其是保障处于弱势地位的广大农户的利益，壮大集体经济实力，让村民分享经济发展成果。政府的统筹规划能力是实现这一发展理念的根本前提。东莞在充分尊重民意基础上，通过土地、资金等发展资源的规划统筹，实现不同发展水平村组从分散发展向联合发展、规模发展的转变，走出了做大农村经济发展“蛋糕”的新途径。

（二）共享式发展的核心在于“还责于政府、让利于人民”

人民群众共享发展成果、实现共同富裕，是社会主义制度的理想价值追求。如何让这套价值理想变为实际的发展理念，是实现共享式发展的核心所在。在共享式发展理念中，最为重要的内容即缩小城乡贫富差距，注重民生，跨越基本公共服务供给的户籍门槛，调动人民群众的发展自主性和积极性。不仅通过经济发展做大“蛋糕”，而且通过成果共享，分好“蛋糕”，走良性循环的经济发展之路。东莞在农村集体经济的转型升级进程中，通过共享式的发展理念和相应的制度设计，实现了集体经济发展的转型提升，加快了城乡统筹步伐，提升了村民的社会保障水平，让村民切实感受到城乡一体化发展和集体经济转型的成果。

（三）挖掘村组经济的内在动力是实现集体经济转型的有效途径

长期以来，农村集体经济的发展面临外向型依赖的困境，或者依赖于外生的政策因素，或者被动依赖于外生的经济力量，集体经济的发展缺乏自我发展的内在活力。随着经济改革的深化发展，集体经济面临着转型升级的困局。如何激发集体经济的内在活力，实现集体经济发展从外向依赖向内在动力转型，是集体经济发展的关键所在。东莞通过创新利益共享方式，引导村组从单纯依靠物业租赁收入向多渠道增收转变；通过强化资产管理和监控，规范举债和分红行为，引导村民从关心多分“蛋糕”向关心做大“蛋糕”转变。激活村组集体经济发展动力，激发村民自主发展活力，走出了集体经济发展转型的新途径。

（四）共享式发展是实现农村治理转型的有效保障

共享式发展的根本目的是要实现城乡居民的无差别发展、公平化发展、均衡式发展。研究表明，城乡居民收入差距的扩大，不仅通过财富效应影响经济的可持续增长，也可能影响社会的和谐和稳定。尤其在城镇化进程加速的背景下，乡村治理面临利益格局多样化、利益分化加剧的治理难题，共享式发展通过分享公平化的发展机会、无差别的公共服务和均衡化的发展机制，实现农村居民和城市居民共享发展成果的局面，有利于调动村民在发展中的自主性和创造性，从而对其在乡村治理中发挥主观能动性，对形成多元共治的乡村治理格局具有重要意义。东莞通过农村集体经济的共享式发展理念和制度设计，为乡村治理转型提供了有力保障。

预算式民主：用制度管好集体经济的"钱袋子"①

——基于广东省东莞市村级预算制度的调查与思考

"健全农村集体资金、资产、资源管理制度，做到用制度管权、管事、管人"，这是规范村级财务管理的基本要求。但是，长期以来，我国其他地方的村年度支出安排缺乏刚性的约束机制，导致农村财务管理易出现随意性、单向性、形式化的隐忧，极易引发村官贪腐问题。近年来，广东省东莞市以村级预算改革为突破口，探索出一条极具东莞特色的村级财务管理新路子。在实践过程中，东莞市将村级财务管理的关口前移，以村级预算制度为着力点，让广大村民参与到预算编制、审核、执行和监督的整个过程中，利用程序化和制度化手段管好了集体经济的"钱袋子"，实现了"有钱办事"和"民主议事"的有机结合。

一　预算式民主：落实村级财务管理的有效探索

东莞市探索的"预算式民主"，是在村级财务管理基础上发展出的一种新形式，以涉及农民切身利益的村级预算为突破口，通过民主程序和制度规范，使农民参与到村级预算编制、审核、执行和

---

① 作者：华中师范大学中国农村研究院张利明、邓杰、唐丹丹。

监督的整个过程中来。

（一）创新民意收集机制，预算编制中倾听民意

预算编制是预算管理的前提和基础，编制的规范性直接影响预算目标的科学性。东莞市在充分考虑村组集体经济情况、收支计划和群众意见的基础上，通过多种方式征求民众的意见和建议，提出村级预算编制方案，保障预算编制的代表性和科学性。一方面，实行党员民意征集负责制。以村（社区）全体党员为纽带，划定各自管理片区，每一片区负责15户至20户农户，无偿向村民征集预算相关意见，并形成书面报告递交经济联合社，经济联合社提取出现频率较高的村民意见纳入村组财务预算。另一方面，建立协管小组民意征集责任制。在行政村以下的村民小组或自然村招募若干个协管小组长，协管小组长以群众真实需求为起点，每人负责15户左右的村民，有偿向村民征集关于村组财务收支方面的意见，并形成书面报告提交经济联合社。通过这种制度化的民意征集机制，使村民充分表达关于财务预算方面的意见，真正把资金的使用权赋予村民。

（二）拓宽民意表达机制，预算审批中代表民意

预算审批主要通过村民选举产生的代表机构来依法审查批准预算，代表机构审批预算也构成预算民主的重要环节。一是多主体联席，初审预算。初步编制出来的村级财务预算在镇（街道）农村集体资产管理部门审核后，根据初步的审核意见，村（社区）“两委”、经联社召开联席会议研究讨论，且相关财务人员和监事会人员应当参与，充分发挥民主，对预算方案进行修订。二是多形式表达，协商预算。在预算审批的过程中，村民代表和普通村民可以采取口头质询、书面材料等形式对预算内容表达自己的意见和建议。三是股东（代表）大会表决，审批预算。村（社区）收到《农村（社区）集体经济组织预算审核表》后，预算方案须召开股东（代表）大会表决通过后方能实施。预算方案未能通过股东（代表）

大会表决同意的，村（社区）须调整预算方案，并重新启动预算审核程序。通过村民广泛的民主参与，从而保证村级预算运作的正当性。

（三）优化民众参与机制，预算执行中落实民意

预算执行是实现预算收支任务的关键步骤，也是整个预算管理工作的中心环节。一方面，定期向村民公布预算执行情况。建立“阳光信息月报制度”，将村级预算的重大事项、重大决策、重大支出、财务状况等，编印成《阳光信息月报》，定期派送到各家各户，并在村级阳光信息公开栏上公布，使村民实时了解预算执行情况。另外，预算调整须经村民决议。预算执行中，对所有的收入和支出，必须按照编制好的预算项目进行，严禁随意调整和变更预算，确保预算的“刚性”，如遇预算增加、减少等情形的，须通过村民（代表）大会按程序依法进行。此外，随时向村民畅通参与渠道。村干部每天轮流在办事大厅值班，随时为村民解答疑惑。村民针对预算执行情况反映的意见，须备录在案，并在每周村领导干部例会上讨论。

（四）丰富财务公开机制，预算监督中发展民意

变事后监督为事前监管是村级预算制度的一大特点。一是预算公开，实现全民监督。村干部和经联社干部根据预算编制方案，每季度15日前制定上报上季度的《农村（社区）集体经济组织预算执行情况表》，印制成报刊等书面材料并寄送至每一位村民（代表）手中，达到全民知情，使全体村民监督有据。二是定期审计，实现实时监督。每半年召集“两委”干部、理事会、监事会和财会人员召开预算执行情况通报会，由村会计分别出具上半年和年度预算执行情况报告，对预算执行情况进行通报，实时向村民报告预算执行情况，总结分析存在问题，及时整改执行偏差，确保预算目标有效落实。三是绩效考核，实现成效监督。预算的执行结果与绩

效挂钩促使预算有效实施。在每年年底，对比上一年度财务预算定制预算执行情况表，向公众公布。村财务预算执行效果与村“两委”、经联社干部薪酬挂钩，奖优罚劣。绩效与预算挂钩，村民与政府两级监督，保障预算按计划科学实施。

二 制度管钱:预算式民主助推村级集体经济监管

东莞市实行的村级预算制度，改变了村级财务管理行政性和单向性的路径依赖，促进了基层群众的全过程参与和制度化参与，取得了积极成效。

（一）推进了村级财务管理的科学与规范

如何有效实现村级财务管理的科学性和规范化一直是困扰农村管理的一大难题，尤其是对于东莞这样具有庞大村组集体资产的地区，村级财务管理更是难上加难。过去，“村级办事是花多少算多少，村里每年的收支安排缺乏刚性的约束机制。”通过实行村级财政预算，使各村把钱花在了刀刃上，村里的每一分钱都计划着花，按规定花，增加了村财管理的透明度。据统计，东莞市洪梅镇2014年各村预算实现经营总收入6951万元，预算年度经营总收入7317万元，完成预算95.01%，经营总费用2975万元，预算年度经营总费用3122万元，完成预算95.29%，使得村财务管理更有计划性和规范性。

（二）保障了村级财务资金的公共与公开

“村级公共预算到哪里，决定了村（社区）公共管理和公共服务运行到哪里。”通过民主预算，充分吸取不同村民的意见和建议，促进预算更好地运用到公共管理和公共服务中来。另外，通过预算公开，避免了集体资产使用的盲目性。实行村级财务预算制度，变事后监督为事前管理，将村级的各项收支置于政府和群众的监督之下，各村量入为出，“拧紧”了支出的“水龙头”，据了解，通过实行村级预算，2014 年中堂镇全镇村组两级管理费支出 3524 万元，同比减少 263 万元，下降 8.1%，其中接待费减少 157 万元，会议及差旅费减少 228 万元，公务用车费用减少 47 万元，村级“三公经费”的开支有了明显下降。

（三）增强了村民参与财务管理的意识与能力

村级预算改革在村“两委”干部、集体经济组织管理人员、村民代表和普通民众之间搭建起了有效的对话和沟通平台，为基层民众广泛、直接地参与村级公共事务决策、管理和监督提供了制度化途径和渠道。同时，村级预算也是一所很好的“民主学校”，通过这样一种民主操练，使基层民众的民主意识和民主观念不断增强、民主习惯不断形成、行使民主权利的能力也不断提高。洪梅镇黎洲角村每开展一次预算编制，就需要召开 4 次较大规模的讨论会议，每次参与的农户都在 50 户左右，充分实现了民众参与的广泛性和真实性，也提升了农民民主参与的能力。

（四）提升了村组集体资产的效益和潜力

由于村民的广泛参与，使得预算更加贴近民意，集体资产的投资更加合理，让集体资产的每一分钱都动起来，促进集体资产的保值增值。实行村级预算后，东坑镇 2014 年年底村组总资产为 216220 万元，比 2011 年末增长 36.5%，经营性总收入 25850 万元，比 2011 年增长 23.3%。更为重要的是通过民主化的村级预算程序，使村组集体经济的发展规划更加科学，进而大大提升了村组集体经济的发展潜力。

三　赋权于民：东莞预算式民主的经验启示

东莞市预算式民主是农村财务管理的一大创新，通过村民的广泛参与，推动了村级财务管理科学化、规范化与效益化，其所蕴含的程序民主与制度化改革方向具有普遍意义和经验启示。

（一）预算式民主是强化村级财务监管的有效途径

2015年中央“一号文件”指出：“进一步规范村‘两委’职责和村务决策管理程序，健全村民对村务实行有效监督的机制，加强对村干部行使权力的监督制约，确保监督务实管用。”东莞探索的预算式民主将村民纳入监管主体，赋予基层群众充分的知情权、参与权、表达权和监督权，规范村级财政的收入和支出，有效地预防和避免了预算决策的随意性。尤其是预算执行过程中，加大了跟踪执法和审查力度，确保编制预算不“跑调”，执行预算不“走样”，从而减少了村级财务管理中的失误，防止了“小官大贪”问题的产生，有效强化了村级财务的监管。

（二）加强村民参与是村级预算制度的关键所在

在监事会民主理财、财务公开等参与机制的基础上，东莞市创新性地让村民参与村级预算的制定，从编制、审批、执行到监督，全程式参与，倒逼村级财务管理程序逐渐规范，落实村级财务的透明化、阳光化。村民参与渠道的拓展、参与意愿的提升，使得村级财务成为村民的日常关注点，村民可以针对村（社区）发展提出自己的看法与建议，并通过协商，逐步进入预算项目，切实满足了村民需求，将钱用到了实处。

（三）制度化是预算式民主有序发展的保障

长期以来，我国农村的财务管理大多较为混乱，村民参与无门、监管无章，村级财务管理难以落到实处，往往处于“悬浮”状态。村级预算制度的实施，将村级财务的管理制度化、规范化，通过一套完整的编制、审批、执行、监督程序，将财务的管理运行在有序的规范之下，用制度来管理好村级经济的“钱袋子”。同时，程序性的制度也为村民的广泛参与提供了便利的渠道，村民按照程序规定，即可全程参与村级预算的编制之中，才能让村民的声音进入村级财务管理，才能让村级财务更具民意、更加科学、更加有序。

第二部分　社会治理与公共服务提升

牵引型治理：经济新常态下的社会治理创新[①]

——基于广东省东莞市创新社会治理的探索实践

习近平总书记提出，当前经济发展要适应新常态。作为我国农村集体经济最发达地区之一的东莞市，在经济提档升级新常态下，地方治理也面临着新的任务。经济结构的调整、经济总量的变动都会引起相应的社会问题和矛盾。面对经济新常态下的治理难题，东莞市结合自身特色，以经济为牵引，创新地方治理模式，即以培育多元化治理主体适应产业和人口结构，力求融合治理；以构建全方位治理内容满足经济发展需求，创新一体化治理；以健全多角度治理机制保障经济发展秩序，实现法治化治理，打造了东莞地方治理的新模式。

一　以经济增效为导向，培育多元化治理主体，破解“全能管理”难题

改革开放以来，东莞在经济快速发展、社会全面进步的同时，社会治理工作也面临着公共服务需求的多样性与复杂性、流动人口与户籍人口“一体化”、公共服务需求增多与公共产品短缺之间的

---

① 作者：华中师范大学中国农村研究院唐丹丹、党亚飞、刘迎君、温都拉、刘燕。

矛盾等诸多难题。经济转型期的东莞，通过发挥政府的主导作用，在转变政府职能的同时，大力培育社会组织、引导公民有序参与，实现了从“一元管理”到“多元治理”的转变。

（一）转变政府职能，构建多元治理新格局

过去，东莞实行“一元”管理，政府大包大揽了社会服务的大部分职能，社会参与治理的空间小。为提高治理质量，激活多元主体参与社会治理，东莞市积极转变政府职能，激活市场参与。一是简政放权，放活市场。简政放权是政府职能转变的切入口，将过多的不适合、不应该由政府承担的职能转交给市场与社会。东莞市改变过去由政府部门“端菜”式的服务变为人民群众“点菜”式的服务，以群众的需求为导向，率先推行政府购买社区服务工作。先后建成了多个社区综合服务中心，通过公开招投标引进了专业社会组织参与运营管理，初步构建了“三社联动”社区服务机制。二是完善服务，放利市场。为切实满足群众需要，东莞市政府通过服务统筹，不断拓展服务内容，提高服务质量，满足社会各群体的需求，为社会治理的参与创造良好的环境与氛围。东莞市通过政府统筹，逐步实现了公共开支、治安管理、环卫管理统筹，同时，实现了城乡公共服务的一体化。通过不断丰富与完善的公共服务供给，东莞市各级政府快速转变观念与职能，为群众及各类社会组织参与社会治理提供服务保障。三是政府购买，放权市场。为激活市场，鼓励社会组织与群众积极参与社会治理，东莞市转变过去政府“包办”的方式，在养老、医疗、法律、教育等多个领域，通过购买社会工作服务岗位或购买社会工作服务项目等方式，引导群众参与社会治理，并通过严格的考核、评估验收程序，对购买服务情况进行监督，保证服务质量。

（二）孵化社会组织，构建社会治理新载体

社会组织是让社会参与有序运转的“发动机”，是社会治理的活

力来源。东莞市在引导培育社会组织方面，作了以下工作：一是完善政策，培育参与主体。东莞市相继出台了《关于进一步发展和规范社会组织的意见》和《构建现代化社会组织体制试点工作方案》等文件，为推动社会组织发展和作用发挥提供了良好的政策环境。目前全市依法登记了3661家社会组织，涵盖了科、教、文、体、卫等多个领域，形成了门类齐全、层次有别、覆盖广泛的社会组织体系。二是登记备案，降低参与门槛。东莞市出台了《社会组织登记注册行政审批改革方案》，共取消社会组织登记注册前置审批事项83项，并将其压缩为5项；业务主管单位也均改为业务指导单位，直接到市民政部门登记。同时，出台《东莞市社区社会组织登记备案管理暂行办法》，对于一些还达不到登记条件的社会组织，实行登记和备案“双轨制”管理。三是财政扶持，做强参与主体。东莞建立了“非营利组织免税资格认定”机制，目前已有250家社会组织获得免税资格。为加大财政扶持力度，一方面，设立专项资金，2015年共有33家社会组织申报的33个项目获得专项资金共564.71万元的资助，进一步提升了社会组织的“造血”机能。另一方面，推动“公益创投”，通过政府向社会组织买点子的办法，共与16家社会组织签订了28个项目，“公益创投”项目资助款近900万元，并吸纳了来自企业、个人和社会组织的定向捐助近140万元。四是孵化基地，搭建参与平台。东莞在全省率先建设并启用了社会组织孵化基地，并配套出台了《社会组织孵化基地管理暂行办法》。目前莞内莞外共培育孵化包括公益慈善类社会组织、异地商会、行业协会、村级互助组织在内的近50家社会组织，开展活动5000余次，动员志愿者近4万人次，服务群众累计逾80万人次。五是资质评估，提升参与水平。为促进社会组织完善内部机制和加强自律管理，东莞启动了社会组织评估工作并出台了资质目录。目前共评出3A以上等级社会组织95家，具备承接政府购买服务资质的社会组织182家，达到了“以评促建”、“以评促规范”的预期效果。六是改革创新，发展异地商会。出台《东莞市异地务工人员服务组织工作“以奖代补”

实施方案》，推动20家异地商会建立了异地务工人员服务组织，不断加强异地务工人员服务管理工作。制订《东莞市异地商会积分制管理试点工作方案》，建立正向激励与逆向约束相结合的积分体系，将异地商会积分制管理达标情况与承接政府职能转移和参与政府购买服务挂钩。对积分靠前的异地商会，按商会规模大小，每年分别给予不同金额财政资金奖励，对积分处于临界值的异地商会，及时落实相应的预警管理措施，从而促使其加强自身建设并积极参与社会治理。

（三）引导公民参与，形成多元治理新常态

公民参与政府重大决策的过程，不仅能促进政策实施，也有助于形成社会多元合作的良好局面。因此，东莞政府充分发挥群众参与治理的积极性和主动性，引导社会有序参与。一是推进重大公共决策中的参与机制。2009年10月东莞市政府下发了《东莞市重大行政决策程序规定》的公告，除了要求政府重大行政决策要通过本地主要报纸、广播电视等公布外，还提出决策拟制单位可以委托媒体进行民意调查或组织讨论，引导社会公众共同参与重大行政决策。二是推进政府绩效评估中的公民参与。东莞在建立以政府主导、通过有限的量化指标为主要评判机制的基础上，将民主测评与民意测验纳入考核体系之中，形成多主体、多层次、全方位的考核机制。2006年东莞已经开始探索实施《东莞市财政支出绩效评价试行方案》，2011年出台了《东莞市政府购买社会工作服务考核评估实施办法（试行）》的规定，修订印发了《东莞市镇街领导班子落实科学发展观工作实绩年度分类考核方案》和《东莞市村（社区）两委会年度工作量化评比办法》，将社会协同的力度和民众参与的程度引进政府绩效管理过程中，提高社会协同和民众参与社会管理的效能。三是积极探索新莞人融合治理。东莞作为一个外来人口多的工业城市，如何激发新莞人参与社会治理，是治理的一大重点与难点。东莞市逐步健全与积分制相协调的户籍、社保、教育、

住房、医疗等配套政策，力推公共服务均等化。同时，探索选拔优秀新莞人党员进入村（社区）党支部或兼任村（社区）相关职务，共同参与村（社区）决策管理，从组织归属、政治参与、公共服务、文化认同等多方位引导新莞人融入。

二　以经济提质为核心，构建一体化治理格局，破解“零敲碎打”难题

近年来，东莞市农村发展遇到集体经济增长后劲乏力、基层管理任务不断加重、公共开支日益膨胀等困难，传统的农村基层“分散化”治理模式面临着巨大挑战。为破解基层治理“零敲碎打”难题，东莞市以经济提质为核心，积极开展农村综合改革，实现了从“分散治理”到“一体化治理”的转变，形成具有东莞特色的城乡经济社会发展一体化新格局。

（一）规范化治理，共划党建科学发展

第一，创新基层组织设置。为适应农村城市化、管理区域化、党建科学化的新趋势，东莞在全市范围内启动村、社区党组织设置改革，有效强化了党组织的领导核心地位。一方面，设立党的工作委员会，将其作为镇街党委的派出机构，负责所驻区域的党组织和党员的管理、指导和服务。另一方面，灵活设立党支部。打破以自然村为单位设置党组织的传统，按照居民活动单元，如村民小组、商住小区、工业园区、各类经济组织和行业协会等，灵活建立党组织，并根据党员特点成立网络党支部。第二，创新基层党务服务机制。一是建立领导驻点联系群众机制。镇街党政班子成员每人固定直接联系1—2个村（社区），每周到所联系的村（社区）驻点半天，直接联系群众面对面服务。目前，全市各村组驻点团队累计联系群众45567人次，收集群众关切问题8682条，已解决5929条，解决率为68.3%。二是建立基层共驻共建机制。按照“区域统筹、

共驻共建、共融发展”的理念，由党工委按属地原则直接管理村组内各类党组织和党员，充分整合区域内的党建力量，构建区域化党建新格局。三是开创党代表工作室。以行政区划和行业系统为原则，在全省率先成立覆盖全市所有机关、镇（街道）村（社区）、“两新”组织的616个党代表工作室，并将全市419名市党代表、5554名镇街党代表安排进驻党代表工作室，接见基层党员群众，收集群众意见建议。第三，创新基层组织运行机制。东莞市构建“一二三四五”村级党组织运行机制，其做法主要有：强化村级党组织总览全局的“一核心”地位；完善村级班子联席会议和党群联席会议“两联席”制度；开展村民自治组织、村级经济组织、群团社会组织的“三统筹”；实现承诺事项公开、决策过程、实施结果和群众意见的“四公开”；推进对基层组织进行上级监督、内部监督、制度监督、平台监督和社会监督等“五监督”，从而规范基层组织工作的有序运行。

（二）统筹化治理，共寻经济提档升级

近年来，东莞市镇村组四轮驱动的发展模式难以适应新时期的发展要求，出现“诸侯经济”弊病。鉴于此，东莞农村综合改革以经济提质为核心，将统筹协调发展摆在重要位置，推动农村集体经济转型升级。第一，以统筹协调盘活集体经济。其一，纵向统筹村组经济。灵活采取直接合并、设立分社或组财村管等方式，推进组级经济统筹管理改革。其二，横向统筹区域经济。以经济区域概念加强资源要素整合，建立水乡特色发展经济区，将区域发展规划、重大项目招商、基础设施布局、城乡环境建设等进行统筹开发。其三，纵横统筹市镇村经济。通过推进市镇村规划统筹、资源统筹和产业统筹，由镇村共同开发战略性新兴产业、高新技术产业、都市农业、现代服务业，形成市、镇、村一体化发展格局。第二，以平台建设用活集体经济。为规范农村集体资产交易，促进集体资产的保值增值，东莞市创立镇、村两级农村集体资产交易平

台，设立东莞市农村（社区）集体资产管理网和各镇街分网，用规范化的交易场所承接不同交易事项，面向全社会开展农村集体资产网上交易和村民个人资产的平台交易。同时，建立覆盖市、镇、村、组四级的“三资”监管平台，将村组集体经济组织的资产运营管理纳入平台进行实时监控和全程监督，实现集体资产管理的阳光化、规范化和系统化。第三，以利益共享激活集体经济。东莞市通过“市镇主导规划开发、市镇村分享发展成果”的模式，对镇村自行改造建成产业载体并引进企业的，连续三年提取该企业所得税市财政留成的20%奖励给项目业主，建立了以税收贡献为导向的利益共享机制，推动了农村集体经济的统筹协调发展。

（三）专业化治理，共求服务均等优化

东莞市按照“全市一盘棋，城乡一体化”的总体目标，全面推进基层公共服务均等化改革，取得了良好的成效。一是以市镇统筹强化公共服务。为减轻基层的社会管理负担和公共服务开支，东莞市根据“保基本、保必需”的原则，从市镇参与税收分成收入中切块5%，设立农村公共事务补助专项资金，逐步由市镇两级统筹承接村一级的治安、环卫、行政管理三大方面的开支，提升了基层公共服务的供给能力。二是以专业运营强化社区服务。建立社区综合服务中心，推行购买社会服务机制，聘请有资质的社会组织、专业团队负责社区服务的运营和管理，推动村组基本公共服务社会化、专业化和市场化运作。目前，东莞市已成功培育“阳光雨党员服务中心”“白玉兰家庭服务中心”“莞香花青少年服务中心”等一批面向基层的社会组织品牌，充分发挥其社会治理的作用，有效提升了社区服务水平和服务效率。三是以中心建设强化政务服务。传统农村管理体制不仅使村组负担沉重的行政管理任务，还导致了庞大的重复性财政支出。为解决村组“行政化”问题，东莞市按照“一村一中心”、“多村一中心”的模式，大力推进社区综合服务管理中心建设，整合政府各部门延伸到村（社区）的服务

机构站点，承接上级党委、政府交办到村（社区）的97项行政和公共管理任务，为群众打造“一站式”政务服务平台。四是以配套建设强化产业服务。为促进农村经济转型升级，吸引更多的高新产业入驻扎根，东莞市大力推进产业配套服务，建设产业服务区。镇街由下属公司采用长期包租的方式，连片开发出租屋，完善配套设施，改造建设了规划科学、设施完善、环境整洁、管理有序、服务到位的新型配套服务区，为辖区或邻近园区的企业提供配套服务。

（四）制度化治理，共谋自治运转落地

东莞市从与农民切身利益息息相关的事务为切入点，探索实现农村基层治理的有效形式，推动了村民自治的有序开展。一是以村级预算推动村民自治。东莞市全面推行村级预算管理制度，要求各村集体经济组织召开股东大会或股东代表大会表决通过后才能实施。村级预算改革的实施，为基层民众广泛、直接地参与村级公共事务，行使参与权、决策权、监督权提供了制度化途径和渠道，丰富了村民自治的有效实现形式。二是以兴建社区推动新莞人自治。针对外来人口多，社会管理难的问题，东莞市以新莞人为主体建立自治小区，成立新莞人服务管理小区和新莞人自治小组，为新莞人自治的开展搭建了坚实的平台。如樟木头镇沙井村建立新莞人自治小区，由小区的住户推选出三名组员成立自治小组，负责小区的治安、卫生、消防等工作。这种“身边人服务身边人，老乡管理老乡”的模式不仅增强了新莞人的集体归属感、还拓宽了民主参与渠道，增强了新莞人的自治能力。三是以精英治理带动居民自治。在创新基层社会治理综合改革中，麻涌镇华阳村作为改革试点，健全乡规民约，以成立村民理事会等方式来充分发挥杰出乡贤、公益骨干等村精英在村民自治中的积极作用，为东莞创新和完善基层民主治理体制机制作出了有益探索。

三　以经济促稳为根本，打造法治化治理规范，破解“人走政息”难题

受现有体制的束缚，地方治理创新往往会陷入“人走政息”的怪圈，而避免治理创新“运动式”“一阵风”的关键在于夯实法治基础。东莞市在经济转型升级过程中特别注重法治化治理，通过建立引导机制、联动机制、参与机制和融合机制，变“运动式”治理为“常态化”治理，以体制机制建设确保经济转型与社会转轨稳步协调发展。

（一）建立引导机制，开启治理初始动力

政府的带动和引导，不仅是提升治理能力的重要途径，也是开启治理初始动力的有效方式。一是规划引领，加强顶层设计。东莞市委市政府从最紧迫、最突出、最重大的问题入手，确定以完善农村产权管理制度、转变集体经济发展方式、创新农村基层社会治理和提升农村公共服务供给能力等四个方面的改革方向，引导在重点领域和关键环节寻求改革突破。出台了《中共东莞市委东莞市人民政府进一步深化农村管理体制改革的若干意见》、《东莞市创新基层社会综合治理改革实施方案》，做好基层治理的顶层设计和规划。二是组织引导，优化统筹协调。由市委副书记亲抓创建全国农村综合改革示范试点工作，确立了以市委农办为牵头抓总，市有关职能部门协同推进的工作格局，并建立起定期督查、通报等工作机制。同时要求各镇街将农村综合改革工作纳入各镇街党委政府的议事日程，搭建了以主要领导为第一责任人、分管领导具体负责、党政办主抓日常工作的领导机构，形成分工明确、责任到人的镇街工作格局。三是政策引导，强化竞争激励。东莞市通过设立奖励基金和专项资金、村招商引资、“三旧”改造、村重点项目税收等奖励政策，鼓励各镇街、村（社区）积极探索特色发展模式。“谁的积

极性高，钱就补给谁”，也就是只有看到参与主体在地方治理中创造出成绩，才有资金的补助和奖励。2014年，通过“以奖代补”方式安排了3500万元专项资金，奖励镇街、村居综合服务中心的建设。四是典型引导，发挥示范效应。东莞市按照地理位置、行政架构、经济结构、人口结构等情况，将社区划分为四大类型，包括传统农村、“村改居”社区、“城中村”、城市社区，并鼓励镇街在各类社区选择一到两个点开展各专项改革试点。通过建设若干个试点典型，一方面有利于探索不同村（社区）治理的有益经验；另一方面也让其他社区居民看到综合改革的成效，打消了群众顾虑，吸引更多居民主动参与到改革进程中来。

（二）坚持联动机制，拓展治理核心动力

东莞市通过建立系统化的联动机制，形成了共同参与、上下联动、合力推进的改革格局。一是部门联动，实现协作共进。市委农办根据部门职能，将创建全国农村综合改革示范试点任务细分为25项具体改革事项，并明确了具体的牵头部门和配合部门，切实将改革任务层层压实，落到实处。同时，各配合单位针对各自工作要求梳理工作措施，协助落实改革任务。如市民政、财政、公安、城管等牵头部门研究起草制定村级政务、治安、环卫统筹等方面的五个配套文件，明晰了操作办法，为协同推进改革提供政策支撑。二是层级联动，加快整体推进。农村综合改革需市、镇街、村（社区）拧成一股绳，通过层级联动实现层级联通。东坑镇某领导表示，“作为不带县的地级市，东莞注重发挥镇街作为改革中顶层与基层连通的重要作用，一方面要做好上传下达；一方面要统筹好村组各项工作”。通过明确镇街中间环节职能，明晰其传达政策、指导发展、参与督促等方面的职责，充分释放了镇街的执行功能。三是干群联动，促进定点帮扶。以镇街领导组团下基层为重点，健全“面对面、全覆盖、常态化、制度化”的直接联系服务群众机制，分类完善群众工作预案。镇街领导每周二或周五率领相对固定

团队，采取定点接待、上门走访、重点约谈、座谈听证等各种方式，宣传法规政策，掌握社情民意，听取群众意见，解决实际问题。四是党群联动，整合发展力量。东莞着力构建共驻共建的区域化党建新格局。在基层党员特别是“两新”组织党员中深入开展“三融入”（融入组织、融入群众、融入社区）主题实践活动，有效整合驻地单位等党建资源和社会力量，推动镇街党委、村组党工委、基层支部深化“三级联创”活动，加快推进辖区内发展力量的整合。

（三）创新参与机制，激活治理内源动力

公民参与是民主的重要表现形式，也是地方治理水平的重要标志。东莞市通过创新参与机制，激活了地方治理的内源动力，保障了改革长效化。一是健全协商机制，打造群众参与平台。紧扣涉及群众利益和意愿的重大事项，东莞市鼓励和支持社会组织、驻区单位、“两代表一委员”等各方力量，通过民情恳谈、听证、论坛、评议、巡视等方式，健全村（居）重大事项提事、议事、定事、做事、督事、评事机制，推进社区民主协商的制度化、规范化和程序化。二是完善监督机制，拓宽群众参与渠道。构建以村务监督委员会和村级预算为枢纽的监督评价机制。由村（居）民代表会议选举产生监委会，以村级集体经济重大事项决策程序和落实情况、党务政务公开情况、财务预算编制、自治章程和村规民约执行情况、“两委”干部履职及廉洁自律情况为重点，通过事先把关、事中审查、事后问责等监督程序，保障群众知情权、参与权、监督权。三是创新考评机制，提升群众参与效果。东莞市逐步健全基层治理绩效综合评价体系，将村（社区）治理水平纳入镇街领导班子落实年度工作考评范围。建立基层党员群众年度民主评议镇街、村（社区）“两委”领导班子的制度。同时，完善公共服务项目第三方评价机制，针对社会力量承接项目的履约情况，强化考核检查。四是构建共治机制，创新群众参与方式。东莞结合网格化服务管理体系，合理划分街巷、楼栋，分别设立巷长、楼长、中心户长，发挥其在征集民意、化解纠纷、采集信息等方面的作用，促进居民之间沟通交流与邻里互助，推动解决居民关心的难点问题。五是完善激励机制，确保群众参与权利。东莞市着力扩大村级公益事业“一事一议”财政资金奖补规模，围绕群众需求最迫切、反映最强烈的村（社区）公益事业建设项目，引导和鼓励村（居）民通过议事方式有序表达诉求，共商村（社区）民生项目。同时，引导村（社区）设立公益事业基金，采取多种方式筹集资金，通过群众协商资金用途，发挥其在扶危济困、互帮互助和奖学助贤等方面的作用。

（四）探索融合机制，深化治理持久动力

社会融合是统筹城乡发展的关键环节。东莞市通过探索融合机制，为深化社会治理改革提供了持久的推动力。一是健全社企联动机制，促进企业融合。东莞市建立了“非营利组织免税资格认定”机制，目前已有 250 家社会组织获得免税资格。为加大财政扶持力度，一方面设立专项资金，2015 年共有 33 家社会组织申报的 33 个项目获得专项资金共 564. 71 万元的资助。另一方面推动“公益创投”，通过政府向社会组织买点子的办法，共与 16 家社会组织签订了 28 个项目，公益创投项目资助款近 900 万元，并吸纳了来自企业、个人和社会组织的定向捐助近 140 万元。二是完善新老协同机制，推动社会融合。推进工友自助互助组织、爱心互助协会、青年联谊组织等异地务工人员自治组织建设，将更多的异地务工人员吸纳到相应的组织中，加大选拔优秀新莞人进入村（社区）“两委”班子的力度，适当增加异地务工人员中“两代表一委员”的名额。如在寮步、东城试点打造了“异地务工人员示范区”，探索了从组织归属、政治参与、公共服务、文化认同和社会活动等全方位融入的举措。

四 经济牵引，以治理转型为目标，打造地方治理现代化新常态

东莞市依靠集体经济转型发展的内动力，通过丰富多元治理主体、构建系统治理格局以及夯实法治化治理基础，探索出了符合当地特色的地方治理新路径，有效破解了单向度管理、单一型参与、单调性发展等治理难题，实现了政府引导与社会力量的共同聚力，经济发展与社会治理的同步升级，具有良好的借鉴推广价值与现实意义。

（一）成效：以经济升级促治理转型，探索地方治理新路径

东莞市在经济增效、提质、促稳牵引升级的客观需求下，以治理主体、治理内容和治理方式的转型为改革突破口，合力打造地方治理创新新路，初步形成了现代化治理新常态。

1. 集聚多元共治力量，治理内动力得以激活

一直以来，我国地方治理往往只靠政府“单干”，少有社会力量“合力”；只见政府的把控主导，而少有多元主体的融入，造成政府全能性管理但难以管理到位，社会力量活力有余但发挥不足，抑制了地方治理成效。鉴于此，东莞市以培育多元治理主体为切入口，改变过去政府“一竿子插到底”的大包大揽式管理方式，将政府外的社会力量纳入治理过程，探索出社区、社会组织、社工、社会力量合力共治的“四社联动”新模式，极大地充实了社会治理力量，盘活了地方治理内动力。特别是在公共服务提供上，东莞市形成了政府主导基本公共服务供给，村委会、集体经济组织、社会组织、企业主要参与，村（居）民通过互助服务、志愿服务等主动补给的模式，进一步降低了社会力量进入地方治理领域的准入门槛。到2015年，东莞市注册登记的社区社会组织达到了938个，经培训的社区和社会工作者6000多名，很大程度上激活了社会力

量在地方治理中的参与动力。

2. 理顺协作发展关系，治理升级与经济转型得以同轨

过去，在东莞市只要谈到发展，多数基层干部就只想到单一的经济总量的增加上，而忽视了与之相辅相成的社会治理的升级。为实现经济转型与治理升级的并轨，东莞市从创新地方治理方式方法入手，重新梳理了基层党组织、自治组织、经济组织和社会组织的高效协调关系。一方面，通过设立党工委，明确了其领导核心地位，为地方治理做好了牵引；另一方面，通过明晰分工，进一步分解自治组织与经济组织承担的行政功能，为社会治理腾出了空间；同时，以补缺促提升，通过打造政府服务中心和综合服务中心等，又为社会治理升级找到了抓手，实现了地方治理转型与经济快速发展的并行。

3. 拓展一体化改革内容，基层善治格局得以重塑

社会治理作为一项整体性工程，往往涉及不同方面、多个层次和多项领域的内容，这也决定了在推进地方治理转型的过程中，不能“单打独斗”，一方面是不同治理主体不能各自为战、各行其是，要组团协调；另一方面是治理内容不能碎片式规划、分散孤立，要抱团改革。在推进“三化”同步的过程中，东莞市从最紧迫、最突出、最重大的问题入手，确定了以完善农村产权管理制度、转变集体经济发展方式、创新农村基层社会治理和提升农村公共服务供给能力四个方面的发展方向，力保数项改革内容一体化推进，避免厚此薄彼，真正打造出了城乡治理一张网、综合服务一站式、集体经济一盘棋、社区参与一家人的善治格局。目前，有14.2万新莞人子女在当地公办中小学免费就读，60.9万异地务工人员子女接受了义务教育，东莞市于经济转型的同时在地方治理上也实现了升级。

4. 打造系统化规范保障，地方治理新常态得以维构

在不断推进国家治理体系与治理能力日益现代化的背景下，地方治理的新常态对政府、市场、社会三者关系的明晰化提出了更高

要求，如何保障政治更加清明、市场更加开放、社会更加和谐，都在考量着地方治理实践者的智慧。特别是在经济发展转型需求迫切的东莞市，建立经济稳增与治理稳推的协调共进机制更为必要。为此，东莞市以完善常态化的规范保障入手，加强推进政府依法行政、社会依法参与以及群众的依法自治，打造出一套系统化、规范化与长效化的治理维护机制，优化了地方治理大环境。目前，东莞市已初步形成了政府、企业、社会组织与村（居）民个体各司其职又共治合作的局面，构建了地方治理新常态的雏形。

（二）启示：打造经济新常态下的地方治理转型创新

东莞市经济牵引型治理旨在以经济转型发展为内动力，不断激发地方治理力量参与活力，打造出了多内容并推、多维度共进、多层次共赢的长效化治理路径。其地方治理转型创新，不仅是对符合自身实际升级道路的有益探索，也产生了广泛的社会借鉴价值与经验，为推动国家治理体系与治理能力现代化提供了范本参照。

1. 地方治理转型需与经济发展升级客观需求相匹配

地方改革与地方治理转型过程往往不止涉及某一范围，而是多个领域、多项内容的集合体，牵涉到重大的制度创新与社会变革，这也要求在推进治理创新时需整体化推进和系统化统筹，一切因需而改。在东莞市，经济发展新常态的逐步形成，因经济转型带来的社会问题也不断积聚，特别是东莞市特殊的地理位置、人口结构、经济结构，给当地地方治理的转型提出了更为迫切的需求和更高的要求。为此，东莞市应经济发展之需，进一步加大和深化地方治理内容的升级，不断建立治理转型与经济发展的协同机制，建立起了适应经济新常态的地方治理体系，实现了经济与治理的双赢。

2. 经济牵引型治理的内涵是治理体系与治理能力的现代化探索

党的十八届三中全会明确提出，要“推进国家治理体系和治理能力现代化”，这对各级政府治理改革划定了新标准。东莞市经济牵引型地方治理模式，以激活多元治理参与力量为导向，同时伴以治理内容的一体化建设以及治理方式的法治化规范，既克服了经济发展转型的困境，也破解了地方治理升级的难题；既使经济发展的效率和质量得以提升，又在推进地方治理善治上取得了突破。可以说，东莞市经济牵引下的地方治理改革，是应时之需和适应客观环境变化的道路创新，使经济发展能力和治理能力得到了同步提升，是对治理体系和治理能力现代化的有益探索。

3. 多元力量聚力是经济牵引型治理持续推进的核心保障

长期以来，我国基层治理一直是依靠政府这个单一主体拉社会这辆大“马车”，一方面使政府什么都要管但往往难以都管好，使治理成效受损；另一方面政府挤占社会力量的治理参与空间，使治理活力大减。在大力推进国家治理体系和治理能力现代化新常态的背景下，多元主体和多类型力量的参与成为治理转型的必要前提。对东莞市来说，在推进地方治理过程中，其率先打破过去“三副牌子、一套人马”的基层组织运行体制，将基层自治、经济管理与公共服务职能进一步分工，通过政府一“退”与社会力量一“进”，使政府、市场、社会的关系更为明晰。东莞市积极将社会力量纳入地方治理，盘活了治理的生命力。

4. 经济牵引型治理需建立长效化的稳推机制

国家治理体系与治理能力现代化新常态的建立，需要一套系统化、整体性和长效化的保障机制与之相适应，特别是对于基层治理来说，如何避免改革内容的碎片化和运动式，成为衡量地方治理优劣的关键。为有效避开地方综合治理“一阵风”，东莞市在实现“三化”同步目标的牵引下，分别进行了基层民主议事机制、政务服务机制、基层三大组织关系协调以及社会组织参与地方治理等多领域的实践探索，同时开辟出系统联动、合力共推的常态化法治机制，使地方治理逐步成为各参与主体的动力习惯，保障了治理转型的持续性。

制度化统筹：打造政府引领改革升级新常态[①]

——基于广东省东莞市农村综合改革的调查与思考

2015年中央“一号文件”指出，须把农村改革放在突出位置，完善顶层设计，不断总结深化，确保改有所进、改有所成。然而，由于对传统随意性、碎片化、运动式的改革路径的依赖，不少地方改革往往“做而不实，推而无果”。为探索政府统筹农村综合改革新实践，东莞市以创建全国农村综合改革示范试点为契机，通过顶层引领，以高位施力做实制度规划；多向牵引，以系统联动夯实制度执行；规范约束，以完善配套落实制度保障，堵住了过去政出多门、重复作业的漏洞，使农村综合改革“抱团”发展，实现了政府统筹的有序化、整体化与长效化，打造出政府引领改革升级的“制度化统筹”新常态。

一　顶层引领，以高位施力做实制度规划，实现统筹有序化

东莞市通过组织先行、系统设计和过程规划，打造出制度化引领新形式，实现了改革队伍、内容、主体三统一，避免了统筹

① 作者：华中师范大学中国农村研究院刘迎君、高菁。

“随意性”。

（一）组织先行，改革队伍“统”起来

东莞市通过设立人和事的组织机构，夯实了改革统筹的队伍基础。一是领导主力开头。专门制定市镇村集体经济发展联席会议制度，由市长担任召集人，不定期召开会议，专题研究集体经济产业升级政策、奖补资金分配等问题，实现综合改革的方向引领。二是核心部门牵头。在市级部门层面，成立了推进农村综合改革工作组和议事机构，明确了市委农办作为综合协调部门的组织协调和指导督促职能，确立了民政局、市农业局等部门作为牵头部门的工作机制联合推进职能，确保核心部门各司其责。三是镇街对口带头。东莞市将农村综合改革工作纳入各镇街党委政府的议事日程，搭建了以主要领导为第一责任人、分管领导具体负责、党政办主抓日常工作的领导机构，形成分工明确、责任到人的镇街工作格局。

（二）系统设计，改革内容“活”起来

东莞市通过系统规划与科学设计，激活了改革内容，抓住了改革要点。一是调研摸底先行。成立以分管副市长为组长，市委组织部、政研室、民政局、农业局等部门参与的专项调研组，采取分片召开镇街座谈会、赴先进城市学习考察和发放调查问卷等形式进行调研，保障统筹的科学性。二是重点领域选定。从最紧迫、最突出、最重大的问题入手，确定以完善农村产权管理制度、转变集体经济发展方式、创新农村基层社会治理和提升农村公共服务供给能力等四个方面的改革方向，引导在重点领域和关键环节寻求改革突破。三是制度文本保障。在总结经验的基础上，东莞市委、市政府连续出台深化农村综合改革、深化农村管理体制改革、镇村集体经济转型升级、产业转型升级若干意见、集体经济统筹管理等“1+5”系列政策文件，同时制定了镇村集体经济发展等的系列政策，依靠制度化文本对改革进行规范部署。

（三）过程规划，改革主体“动”起来

通过统筹改革进度、理顺改革关系、落实改革责任，充分调动参与主体的改革动力。其一，划定改革进度。制定了科学规划、全面落实、系统总结的“三步走”改革策略，同时辅以步骤规划筹备、全面组织实施和验收评估总结的具体行动，确立了“一年起好步、二年见成效、三年大发展”的改革统筹目标。其二，理顺改革关系。东莞市立足理顺多维度关系，疏通了纵向层级、横向部门以及与群众的利益关系网络。通过市、镇、村纵向税收分成，建立起改革发展的利益共享机制；通过政府、市场、社会等不同主体的横向互动，拓宽农村综合改革的发展路子。其三，落实改革责任。明确了各镇街党委、政府作为全面改革的责任主体地位，同时制定每月一总结、每季一通报的工作统筹机制，对于推进较慢的科室和部门，以约谈等方式落实责任。

二　多向牵引，以系统联动夯实制度执行，实现统筹整体化

东莞市通过整合资源，打造出一体化的制度执行机制，形成了共同参与、上下联动、合力推进的改革格局，避免了统筹“碎片化”。

（一）协作共进，横向部门整体并联

依靠打造部门横向并联机制，使改革“劲往一处使”。首先，角色定位，职能分工。市委农办根据部门分工，起草农村综合改革重点工作分工方案，将涉及的25项任务的牵头及配合部门明确到位，使每项工作都责任到主体，“一份文件让各部门职责分工一目了然”。其次，细化内容，激发动能。东莞市各配合单位针对各自工作要求梳理工作措施，协助落实改革任务。如市民政、财政、公

安、城管等部门研究起草村级政务、治安、环卫统筹等方面的五个配套文件，明晰了操作办法，为协同改革提供了政策支撑。最后，齐步协力，同向聚力。东莞市各部门逐步形成职责明确、多方联动的工作机制。如市委农办作为整体统筹部门，以完善议事协调、信息报送、工作联络等核心任务；各项工作的牵头部门则具体负责落实和督促指导，以统一步调凝聚改革力量。

（二）统筹推进，纵向层级线性串连

农村综合改革需市、镇街、村（社区）拧成一股绳，通过纵向统筹实现层级连通。一是市牵引把握方向。“火车跑得快，全靠车头带。”东莞市通过设立改革规划、建立推进机制和制定奖惩办法等手段，对改革方向与走向进行整体性统筹，夯实了市层面的引领功能。二是镇街参与上下互通。作为不带县的地级市，东莞注重发挥镇街作为改革中顶层与基层连通的重要作用，一方面要求镇层面做好上传下达；一方面督查、考核、统筹好村组各项工作。通过明确镇街中间环节职能，明晰其传达政策、指导发展、参与督促等方面的职责，充分释放了镇街的中层统筹功能。三是村（社区）实践具体落实。通过建立镇村合作、村企合作、村村合作等发展模式，提高村（社区）作为改革第一实践者的积极性，依靠市统筹和镇街统筹招商资源的方式，村（社区）引进更多优质发展项目。

（三）激发动能，自主实践多维探索

通过因需设点、因地制宜，还镇街、村（社区）改革探索自主性，为改革积聚能量。一方面，建立示范，重点突围。积极向国务院综改办申请将“一区三镇街”作为创建全国农村综合改革示范试点单位。同时，东莞市从当地客观条件出发，针对不同镇村的不同优势，按照深化农村综合改革总体分工要求，引导镇街和市有关部门根据先行先试的原则，在村一级开展各项改革专项试点。如

将麻涌镇设为全市农村土地确权示范点，新基村作为麻涌镇的试点村，进一步进行领域探索，依靠有利基础使综合改革重点突围。另一方面，自主探索，创新模式。市通过设立奖励基金和专项资金，鼓励各镇街、村（社区）探索特色改革道路，不断进行模式创新。如黄江镇以“七统筹”推进“三分离”深化了村级体制改革；莞城街道实行“一合一分一统筹”推进村（居）“政经分离”；洪梅镇通过“一中心九窗口”方式，探索出了“多村一中心”的公共服务模式。

三 规范约束，以完善配套落实制度保障，实现统筹长效化

东莞市通过“一减一建一领”，分别打造出制度化的补缺机制、管护机制和发展机制，确保制度保障一步到位，避免了统筹“运动化”。

（一）以减保均，打造制度化补缺机制

通过建立以经济减负促均等发展的补缺机制，为统筹改革疏通道路。第一，发展共担，为改革减负。针对改革主体基础不同、实力不均的状况，建立发展共担机制，通过市镇资金转移扶持，保障改革均衡性。如由市镇统筹支付行政、治安、环卫等公共服务成本，仅环卫一项就减轻村组60%的负担，释放了改革活力。第二，政策响应，为改革减压。为减少改革阻力，东莞市通过加强政策引导和行为指导，如建立还贷基金制度、收款绩效工资挂钩制度以及村级预算制度等，强化了收支约束。2014年年底，全市村组两级资产负债率进一步降低至17.7%。第三，均衡扶持，为改革减负。通过设立定额补助、精准扶贫、均衡性转移支付等机制，进一步减轻改革发展负担。2014年，通过“以奖代补”方式安排3500万元专项资金，奖励村（社区）的综合服

务中心建设。

（二）以建保质，打造制度化管护机制

依靠参与、技术和体制三位一体，打造出制度化的改革监管机制。一是以参与促监督。东莞市不断探索以多元参与保障改革民主的路径，为改革增添智力支持。当前，东莞市已在全市范围内铺开村级预算制度，通过打造预算式民主，将普通群众纳入改革监督。二是以技术保监督。打造农村集体资产交易平台和“三资”监管平台，通过现代技术建立起横向连接村级经济联社、组级经济社等集体经济组织，纵向连通市镇村组四级的分布式网络系统，使改革发展“清清白白”。三是以体制护监督。为打破长期来“三副牌子、一套人马”的改革困局，探索出自治事务、行政事务、集体经济事务“三分离”的管理模式，通过行政上移，进一步理顺改革主体的职责分工。

（三）以领保增，打造制度化发展机制

过去，部分基层干部谈到发展就想到“要建厂、搞出租”，过于依赖传统方式。东莞市通过单项引导和多项牵引，打造出制度化发展机制，助推改革转型。一方面，以点带面，为改革铺路。通过统筹推进，探索出“市、镇主导开发，市、镇、村三级分利”的发展模式，引导镇村共同开发战略性新兴产业、高新技术产业、先进制造业、都市农业等，形成市镇村统筹改革格局。2014 年，全市各村（社区）共投资 81 亿元，参股市镇优质项目 514 宗，为村集体增加收入 9.5 亿元。另一方面，点面结合，为改革垫路。通过出台镇村招商引资、“三旧”改造、村重点项目税收等奖励政策，同时支持市信托等市级投融资平台建设，推动集体经济发展升级。东城街道樟村社区通过土地整合引进田禾食品商贸城项目，每年为集体增加了 200 万元收入。

四 “制度化统筹”改革实践的经验启示

东莞市以制度化统筹推进农村综合改革，实现了政府引领改革的有序化、整体化和长效化，具有较大的借鉴推广意义。

（一）政府推进改革转型需建立系统化的整合机制

在发展攻坚期，地方改革往往牵一发而动全身，涉及的利益主体也纷繁复杂，更加大了改革的难度和风险。过去各部门“各自为政”、领导官员“拍脑袋决策”的改革方式已显出极大弊端，地方改革路径亟须转型。因此，建立政府引领改革的系统化整合机制，通过多向度的联动与互通实现改革统筹变得更为必要。东莞市在推动农村综合改革过程中，建立了科学规划、系统推进、长效落实、及时纠错的引领机制，实现了以改革手段转型促进改革成效的落地。

（二）制度化统筹是实现改革“一盘棋”的有效手段

面对政府治理转型的制度机制压力，实现改革“一盘棋”至关重要。东莞市利用改革契机，探索出了一条以顶层引领集聚合力、以多向牵引整合资源和以规范约束统一步调的改革统筹道路，在深化农村综合改革方面取得了重要突破。作为系统化整合机制的有效形式和主要表现，制度化统筹旨在实现政府引领改革的有序、规整和常态化，东莞市依靠制度化统筹成为地方政府引领改革成功转型的典型。

（三）整体联动是实现制度化统筹的重要抓手

制度化统筹作为政府引领改革实践的重要创新，关键要依靠建立整体性的联动机制和互助式的协商共赢机制。东莞市通过多方调动、激发活力。横向上，保障各部门间的协同聚力，实现“劲往一处使”；纵向上，进一步盘活镇街、村（社区）的改革主动性与能动性，实现各层级的合力；通过统筹部署与地方探索实践相配合，赋予改革创新以空间，从三个维度发力，保障改革有的放矢。

（四）制度化统筹需因地制宜探索常态化机制

过去，不少地方改革往往实行自上而下“一刀切”式的全覆盖，强调统一模式、统一标准的改革步骤，改革效果往往差强人意。东莞市打破传统改革套路，在进行制度化统筹过程中，坚持分类指导、因地发展，针对不同镇街、村（社区）较大的条件差异，鼓励探索不同方式方法，一方面引领改革不走偏；另一方面开辟了符合各地实际和颇具特色的改革道路，创造了常态化的改革机制。

公共服务统筹：推进城乡一体化的新探索[①]

——广东省东莞市公共服务均等化的调查与启示

推进城乡基本公共服务均等化，是全面建成小康社会的必由之路，也是党的十八大和十八届三中全会作出的重要战略部署。然而随着经济高速增长与城镇化快速扩张，城乡公共服务之间的差距被不断拉大。几年前，东莞农村一边面临着不断增长的公共支出带来的沉重负担，一边又面临着不断拉大的城乡差距导致的发展失衡、群众不满，整体公共服务陷入了“供给不均、统筹不力、管理不善”的局面。为此，东莞市以理顺财权关系为基础，以强化人员管理为抓手，以优化质量监管为保障，形成了“权责明晰、全域统合、高质长效”的城乡一元服务体系，减轻了集体经济组织的负担，释放了集体独立发展的活力，为创新社会体制改革提供了新思路，也加快了城乡一体化的进程。

一　公共服务统筹的实践与探索

面对农村公共服务的负担以及城乡公共服务的差距，东莞市创新公共服务统筹机制，通过政府财政分担、人员统筹、制度规范，提高农村公共服务的供给能力和服务水平。

---

① 作者：华中师范大学中国农村研究院李博阳。

（一）完善服务供给体制，理顺财权关系

近年来，农村集体经济组织公共事业负担与日俱增。为此，东莞市从理顺财权入手，解决了城乡财政供给失衡问题。一方面，明确城区管理责任，明晰权责主体。经过多年发展，部分城区街道已完全城镇化，其公共服务长期由市和街道两级承担，而其辖区内的各项收入却归属街道。为此，东莞市对各社区资产进行系统评估，按照集体资产估值的15%定价为统筹费用，街道可一次或逐年上缴统筹款，从而将服务统筹到市、街道，明晰管理责任。另一方面，实施税收反哺，补贴农村支出。从市镇参与税收分成收入中切块5%，设立基本公共服务专项补助资金，对全市所有村（社区）治安、行政、环卫三部分重要服务支出进行补助。补助款额度由各镇街总人口数量决定，直接发放到镇财政分局，从而实现专款专用的目的。而在市镇补贴基础上，公共服务支出不足部分由镇村按照1∶1的比例分担。

（二）统筹服务人员配置，破解管理难题

解决了基本公共服务资金的同时，东莞市对治安、行政、环卫人员进行了统筹改革。一是统筹管理治安人员。镇街公安机关将原有的村级警力收编进行统一管理、统一调度、统一培训，按照现行治安队人员数与东莞市常住人口数量的比例进行配置，即每万名常住人口配置35名治安队员。这些治安队员由原来的村管理和支付薪酬转为市镇支付薪酬和镇统一管理，并统一规范称为“村级辅警”。二是重新核定行政人员。按照户籍人口300∶1和非本市户籍暂住人口3000∶1的标准配备村（社区）行政管理人员数量。整合优化村（社区）原有政务服务中心、综合服务中心等资源，灵活采取“多村一中心”或“一村一中心”的模式建立综合管理服务中心，为居民提供“一站式”服务，解决基本政务服务“最后一公里”的问题。三是统筹管理环卫人员。以“政府主导、社会参与”为原则，以镇街为单位，采用市场化、合约化的方式自由选聘负责村级环卫工作人员。在选聘过程中，尽量满足村组自身要求，选聘原有环卫人员或者本村特殊人群，从而保证村组具备一定主动权。

（三）优化质量监管机制，提升服务效用

原来市、镇、村分别参与公共服务供给的模式存在服务效率和质量低、难以监管等问题。市镇统筹后，东莞市加大了对服务质量的监管。具体而言：其一是以契约化增强责任意识。以合同契约的形式，确定单位和个人的聘用关系，以法律的形式明确双方责任、义务和权利，从而起到约束上岗人员的工作行为，激励人才更好地发挥作用的效果，同时亦能减少过多的任务摊派，增加基层人员工作压力。其二是以精细化做实内容细节。变“粗放时代”为“精细管理”，以明文规定辅警职责，要求镇村治安队员在公安机关及其人民警察的指挥和监督下履行职责；建立城乡市容环卫统筹管理标准体系，生活垃圾“村（社区）收集、镇街转运、市处理”的三级管理网络，推动环卫清扫保洁、生活垃圾收运处置市场化全覆盖。其三是以信息化强化监管力度。通过建立网上办事大厅，居民可以随时查询事务进展情况，并对工作人员的工作进行监督；通过建设生活垃圾处理在线监管平台，建立污染物排放日常监测制度，实现生活垃圾处理的统一监控管理；通过配备定位跟踪设备，可实现对治安人员实时追踪，避免在职而不在岗，在位不谋事的状况发生。

二　公共服务统筹的成效：减负、提效、增质、促融

公共服务的统筹以财政收入补贴基层支出，极大地减轻了农村集体的负担，同时大大提高了服务的质量和效率，为进一步实现城乡一体化发挥了重要作用。

（一）释负转型：集体经济轻装上阵

一是缩减了基层人员费用。一名村（社区）干部反映，“以前政府有多少部门，底下就有多少部门。”人员统筹前，东莞 597 个村（社区），负责公共服务的人员达 28000 人，平均每个村（社区）养了 40 多位工作人员。而在人员统筹后，只剩下了 8000 余个岗位，极大地减轻了基层服务人员负担。二是减轻了集体经济组织负担。通过“三统筹”，2014 年东莞收不抵支的经联社数量相比 2012 年减少了 110 个，经济社数量减少了 153 个，收不抵支的经联社与经济社的比例由原来的 52.5%、37.6% 降低至 32.7%、30.7%。三是还原了集体经济组织职能。理清职能职责关系后不仅剥离了村（社区）承担的公共服务责任，有利于基层政府转变作风，也将促使自治组织回归自治，集体经济组织回归经营，推动集体经济转变发展模式。

（二）增质提效：管理服务日新月异

一是办事更加便捷。居民杨大妈说，“以前办事要跑几个部门，这个有事，那个有会，很久都办不下来”。现如今 38 项镇或社区需要承担的工作事项统一交由综合管理服务中心办理，70% 业务可在网上办理，同时所有事务采取限时办结制，不同窗口工作人员一人熟悉多人业务，防止因个人原因拖误办理，极大地提高了办事效率。二是生活环境美化。过去环卫队员都是村中居民，看到卫生没做好，卫生死角没打扫都不好意思说。而如今交给市场负责，村委干部以及村民可以随时进行督导，一有不足之处大家都会提出，起到了促使环卫工作改善的作用。三是治安环境强化。镇统筹管理村级治安有效提升了联防效能。有居民表示，“治安队员巡到哪个岗亭就签到哪儿，签了以后是不是跑去喝茶了都不知道。”但在装备了对讲机与跟踪器后，治安队员的行为受到了约束，而对辖区内事件的管控亦更加到位。万江街道胜利社区曾发生过一起飞车偷盗事件，但通过对讲机及时交流，社区保安及时拉下了道闸，成功地围堵住了偷盗犯。

（三）协调均等：城乡融合渐入佳境

一是服务范围全域覆盖。目前，全市415个村（社区）环卫管理事务由镇街统筹管理，约占全市的70%，逐步实现环卫支出村（社区）“零负担”。全市各镇街和村组分散的29740名治安员完成了收编整顿工作，而到2016年年底，全市各镇（街道）将全面完成村（社区）公共服务平台建设，服务覆盖到所有村（社区）。二是实现了服务标准全市统一。通过顶层调研与研讨，东莞市出台了《东莞市村（社区）综合服务管理中心建设指导意见》、《东莞市辅警骨干培训班工作方案》、《东莞市城乡市容环卫统筹管理实施方案》等一系列文件方案，对服务标准进行了统一化，实现了“全市一盘棋、城乡一体化”。三是服务人群内外均等。过去提供公共服务时往往只以户籍人口作参考依据，导致部分外来人口较多的镇公共服务支出负担十分沉重，这不仅不利于提高服务水平，亦不利于外来人口的融入。对此，东莞通过服务统筹，资金配备、人员配置将以户籍人口与非户籍人口两项综合考虑，同时将新莞人服务纳入综合服务体系，新莞人也能享受到“小事不出门、大事不出社区”的优质服务。均等化公共服务的实施促进了本地和外来人口融合。如中堂镇潢涌村孙宏伟女士所说：“没有外地人，大家都是东莞人，一家人。”

三　公共服务统筹的价值与启示

东莞市通过公共服务统筹，极大地推进了城乡公共服务的均等化，加速了城乡一体化的进程，为创新社会治理、推进城镇化提供了有益经验。

（一）完善财政供给机制是实现公共服务均等化的基础

共享改革发展成果的实质是“享受均等”。“享受均等”的前提是“供给均等”。东莞市推动公共服务均等化的基础就在于建立起了适度合理的供给机制。在东莞建立财政供给机制的实践中存在两个关键点：一是理清关系；二是适度分担。其中理清关系是财政供给机制建立的前提，其目的在于将不同类型的镇村多年模糊不清的边界划定，明晰职责职能，从而进行同一化管理、标准化服务。而适度分担则是公共服务均等、长效的关键，东莞市合理把握公共服务的覆盖面、保障和供给水平、政府财政能力三者间关系，采取逐年分担、分布覆盖的形式，形成了“政府主导、覆盖城乡、可持续的基本公共服务体系”，创新推进了社会体制改革。

（二）政社合作是提高公共服务质量的必要途径

长期以来，提供公共服务的主体常限于政府一方，如此不仅加重了政府的行政压力，而且会导致政府公共服务效率低下，资源难以有效配置。在服务实现基本均等化的前提下，如何提高服务水平成为了主要问题。东莞市巧妙引入了市场竞争机制，将服务项目交由市场承接，人员选聘采用市场化运作，政府更多地只起到引导协商作用。这一举措打破了政府供给这种单一的公共服务供给格局，推动形成多元化的公共服务主体，提高服务能力，助力东莞公共服务走向成本降低、服务优化、效率提升、配置合理之路。

（三）公共服务统筹是实现城乡一体化发展的有益探索

让城乡所有公民都能有机会均等地享有基本公共服务是政府应有的责任。“城乡二元结构”已经成为目前中国经济和社会发展的一个严重障碍。“城乡二元结构”的问题不解决，不但会形成一个城乡断裂的社会，甚至连城市本身的发展也会失去支撑和依托。东莞市曾经以惊人的速度实现了工业化，但城镇化的步伐却慢于工业化，尤其公共服务城乡差异不同程度存在。为此，东莞市着力开展服务统筹，从财政供给体制、公共服务管理等方面入手消除公共服务领域存在的不公平现象，实现公共服务均等化。东莞市这种公共产品供给和管理市镇统筹的做法，打破了城乡分割的壁垒，为推动城乡共享发展成果，全民共奔小康之路提供了新思路。

第三部分　农村集体资产交易与监管创新

盘活资产：促进农村集体经济转型的有益探索①

——基于广东省东莞市农村综合改革的调查与思考

改革开放30多年来，东莞市通过推动农村工业化和城市化，大力发展农村集体经济，形成了庞大的资产存量。随着全市产业结构的调整，大量农村集体资产开始出现利用率低、收益率低，增长后劲弱的迹象，极大地限制了农村集体经济的持续发展。鉴于此，东莞市积极开展农村综合改革，探索出一条盘活资产的新路子。其主要做法为：以理清资产破解无序化难题、以统筹资产破解分散化难题、以盘活资产破解闲置化难题，从而促进农村集体资产保值增值，推动农村集体经济走上多元化、市场化、规范化的发展轨道。

一　理清资产，破解资产无序化难题

资产清理是盘活农村集体资产的基本前提。东莞市通过厘清产权、理清资产和清理债务，实现资产管理从无序向有序的转变，为用活农村集体资产，盘活农村集体经济夯实了基础。

---

① 作者：华中师范大学中国农村研究院温都拉。

（一）厘清产权，变“死权”为“活权”

开展农村产权清理工作，把农民的“死资产”变为“活资产”，解决集体经济发展难题。第一，开展土地确权。全面铺开农村集体土地确权登记颁证工作，在明确资产权属、界限、范围的基础上，建立集体建设用地流转制度，有效激活农村土地资产属性，将“死权”变“活权”。东莞市已完成农村集体土地所有权登记发证6292宗，发证率100%；集体建设用地使用权登记发证30514宗，发证率99.2%。第二，理顺产权变更。东莞市对已实施经济统筹的村组，开展集体资产产权变更工作，厘清集体资产更名前后的权利、义务及法律责任，理顺了集体资产的权属关系。第三，推进产权颁证。东莞市以返拨办证税费的方式，鼓励镇、村、组为自有土地、物业补办产权证，为集体经济通过有证物业抵押融资提供基础。

（二）理清资产，变“乱账”为“清账”

通过开展农村集体资产清理工作，为后续集体资产管理和统筹开发提供准确依据。首先，成立清资小组。镇街成立农村集体资产清查指导小组，指导村组两级全面开展清产核资工作。其次，清查核实资产。重点清查经济社账内账外资产资源，核实确认债权债务，对经济合同和土地资源等进行登记造册。最后，公示资产情况。将各经济社集体资产情况和明细表在村务公开栏进行公示，保障农村集体资产的公开透明。比如东城街道，已完成23个社区的清产核资工作，审查村组两级年度经济计划表131宗，为全面实施科学管理奠定坚实基础。

（三）清理债务，变“负债”为“清债”

一方面，清查债权债务。制订债权债务清查方案，由有关干部、监事会成员、财会人员逐一查对核实并形成债权债务清查明细表。对于数额较大的债权债务，通过电话、信函等方式进行确认。2014年石排镇清查和处理部门与村组之间相互债权债务6200多万元。另一方面，清理债权债务。建立还债资金提留和转贷基金等债务化解机制，控制债务风险。2015年1月至8月，全市村组经营总负债43.2亿元，下降3.5%，“增收节支”初见成效。

二　统筹资产，破解资产分散化难题

东莞市通过整合有形资产和无形资产，实现农村集体资产从“分散”到“集约”的转变，提高了集体资产的效益。

（一）统筹土地资源，推动资产提质

随着土地资源日渐稀缺，农村集体经济社承载能力弱、资源统筹难、吸引项目差，发展难度日趋增加。为推进资源整合、降低成本、提升竞争力，东莞市通过置换、回购、转让、整体包租、合作入股等方式，对闲置空地、建设用地和农用地进行统筹管理，形成连片土地，实施整体开发，盘活闲置分散的土地资源。如麻涌镇出台农地统筹补助及奖励等激励政策，实行收益全部由农村集体和农民共享的原则，完成了约21000亩的农地统筹。

（二）集约资金资产，促进资产增效

东莞市通过多方筹资，确保农村集体经济发展资金。一是公司担保筹资。镇街通过公开招标选定担保公司，为镇街、村组产权证不完善的集体物业提供担保筹资。二是股份合作筹资。村组以物业形式、村民以资金形式入股成立新型合作组织，通过自主开发、合资合作、产权租赁、物业回购等方式，整合集体物业资产和村民资金。万江街道坝头社区以集体物业参股形式，参与东实公司的商业项目开发，预计每年可为坝头社区增加收入300多万元。三是金融工具筹资。通过BT、BOT、城市建设基金及与专

业投资运营机构合作开发等多种金融工具或投资方式，筹措资金统筹开发工业园区、城市中心区和经营性设施等。四是信托计划筹资。市、镇街依托具备稳定租金收入的自有物业、设施等，面向村组集体经济组织发行多种形式的信托计划，以灵活方式筹集建设资金。

（三）整合组织资源，助力资产开发

为整合农村资源，丰富经济发展载体，东莞市勇于突破行政区域和组织架构的限制，采用多样化的农村集体经济组织形式。第一，整合村组经济组织。采取直接合并、设立分社或组财村管等方式，将组级股份经济合作社的资产委托并入或委托村级股份经济联合社管理，实现村组经济组织的统筹统管，盘活农村集体经济。第二，成立区域统筹组织。如东莞水乡特色发展经济区管理委员会，统筹和协调水乡经济区“10镇（街道）1港”跨部门、跨镇街的各项事宜。第三，统筹镇村组织资源。推行“镇村统筹发展、两级合作分利”的发展模式，统一规划建设和改造集体物业项目，由镇发挥招商资源优势，对村组的工业厂房等自有物业实行集中统租、改建装修、统一招商，提升农村集体资产质量和经营效益。

（四）整合人才资源，确保资产效益

东莞市通过整合农村内部和外部的人力资源，在充分发挥农村精英能人作用的同时，聘请专业运营团队负责集体资产的经营管理。如大岭山镇元岭村已成立物业管理公司，聘请专业人士，成立物管团队，对元岭村实行专业化管理。在股份合作制的框架内引入先进管理理念，逐步形成法人治理结构，探索农村集体经济组织公司化改造，不仅为集体资产管理注入活力又能有效提高经营效益，确保资产的保值增值。

三　盘活资产，破解资产闲置化难题

东莞市有效盘活了集体资产，实现了经济模式从“单一”向“多元”的转变，探索出了发展农村集体经济的有效途径。

（一）多元化投资，用活集体资产

针对发展思路不清晰，集体投资定位不准，项目盲目上马所导致的“捆死”集体资产问题，东莞市积极引导集体经济组织进行差异化多元投资。一是投资理财产品。将闲置资金投入保本型理财产品和较高固定收益的股权投资，实现农村集体经济从注重资产管理向注重资本运营转变。如麻涌镇截至2015年9月底，全镇各村组共有6.08亿元投资“从莞高速”及信托理财产品，年收益比定期存款增加1700多万元，实现闲置资金的保值升值。二是投资企业配套产业。农村集体经济与大企业、大园区合作，为其提供员工宿舍、餐饮娱乐、商业零售、物流仓储等配套服务，拓展集体收入来源。三是加入融资平台。农村集体经济与东莞信托、市路桥总公司等投融资平台对接，引导农村集体资金投入经营稳定、收益良好的优质项目，拓宽农村集体经济投资渠道。近年来，东莞市有7个镇59个村依托东莞信托有限公司，投资5.86亿元参与“从莞高速”等理财项目，实现投资收益3935万元。

（二）多样化升级，盘活集体资产

为激活集体闲置资产，盘活农村资产存量，东莞市大力推动升级改造工程，促进农村集体经济转型。第一，改造传统物业。东莞市在改革中重点提升优化传统的物业型经济，出台“三旧”改造优惠等政策，鼓励农村集体统一规划建设和改造集体物业项目，提升集体资产质量和经营效益。道滘镇的蔡白、南丫、九曲、大鱼沙、大罗沙、小河等村进行合作，共投入7050万元入股改造镇属物业项目，每年为全镇村集体增收600多万元。第二，升级新型产业。东莞市通过出台招商引资"三重"项目奖励，鼓励农村集体发挥资源优势，引进创新型经济项目、都市型农业项目、特色型旅游项目等上规模的优质项目。黄江镇北岸138工业区利用闲置厂房，采用"工改工"模式，引入开发商对工业区10.7公顷旧厂房建设用地进行改造，将该地块打造为"北岸文化创意产业园"。

（三）开放化交易，激活集体资产

东莞市以市场为导向，进行农村集体资产交易制度创新，促进集体资产的增效堵漏和保值增值。一方面，以市场交易促增值。东莞市制定集体资产交易制度，开展农村集体资产公开透明交易，通过市场力量评估，合理确定资产价值，使农村集体经济组织拥有的资产资本化，从而提升其收益。另一方面，以平台交易保增值。通过运用网络信息技术，在镇街建立农村集体资产交易平台，形成从零散化、非正规化到公开、透明、高效的交易方式，实现集体收益最大化。截至2015年9月底，全市共成功开展集体资产交易项目22653宗，成交金额280.7亿元，总体溢价率达9.4%，为村、组两级集体经济组织带来直接收益24.2亿元。

四　盘活资产的借鉴与启示

东莞市盘活资产的探索，不仅解决了农村集体资产效益提升难的问题，也为其他地区的农村集体经济发展提供了启迪与借鉴。

（一）盘活资产是经济存量激活增量的有益探索

在东莞等经济发达地区，村（社区）、组两级集体资产存量虽然巨大，但未能得到有效调动和利用。东莞市通过深挖存量资产潜力，盘活沉淀资产资源，将长期闲置的资产清理出来，合理调整使用方向，有序投入高效项目。这一做法，以农村集体资产存量激活集体经济发展的增量，切实提高了集体资产使用效益，发展了农村集体经济。

（二）盘活资产需面向市场经济

在市场经济条件下，资产的价值必须通过市场检验才能充分展示出来。东莞市通过农村集体资产的多元投资、合作开发、改造升级和网络交易，把资产置于市场竞争之中，有效促进了资源和产业的优化配置。这实际上是让市场充分发现、发掘集体资产的价值，是集体资产保值增值的重要源泉。因此，市场化是东莞庞大的集体资产未来走向的必由之路，只有面向市场，保持对集体资产交易过程的公开透明，才能真正实现农村集体资产的保值增值，通过改革发展提质增效。

（三）盘活资产需规范化的制度保障

在农村集体资产交易日趋增多的今天，如何使农村集体资产管理逐步走上“制度法规化、公开规范化、监督民主化、手段科学化、检查经常化”的轨道，已成为改革成功与否的关键。东莞市通过推动资本运营、加快资产盘活的措施，搭建农村集体资产交易平台和监管平台，建立了农村集体资产运营机制和监管机制，切实保障了集体资产的保值增值。这说明，盘活资产不仅需要资产统筹开发，更需要注重以制度建设保障实效和长效。

要素市场化：激活农村集体经济探新路[①]

——基于东莞市集体资产交易管理平台的调查与思考

改革开放以来，东莞市通过传统生产要素组合带来的发展红利，快速激活了以物业经济为主的集体经济，形成了著名的“东莞模式”。2008年国际金融危机爆发，东莞传统的镇村经济模式受到冲击，导致经济增速急剧放缓，农村集体经济面临后劲乏力的危险。为此，东莞市探索建立了农村（社区）集体资产交易管理平台，通过生产要素的市场化，将东莞农村集体与个人资产处理纳入规范化、现代化的交易平台，创新探索出交审分离、分类交易、分级交易、线上线下同步交易等方式，快速建立起从零散化、非正规化到公开、透明、高效的交易平台。不仅管好管住了集体经济“钱袋子”，还大幅增加了集体经济效益，再次激发了东莞农村（社区）集体经济的活力，成为东莞产业转型升级的有力推手。

一　农村（社区）资产上平台，突破交易范围，实现全域化交易

随着东莞市“三资”统筹的不断深化，农村（社区）集体资产结构愈渐复杂，规模愈渐庞大，过去农村单一的资产交易方式和有

---

① 作者：华中师范大学中国农村研究院唐丹丹。

限的交易范围，已不能适应农村集体资产的进一步激活与增长。东莞市通过创新农村（社区）集体资产交易管理平台，激活集体经济各要素市场化，在实现所有集体资产市场化交易的同时，不断探索个人资产的平台交易，实现了生产要素全国范围内的自由交易。

（一）农村集体资产交易全覆盖

过去，东莞市农村集体资产采取零散化的交易方式，存在交易成本过高、经济效益低下、干群不和谐等问题。为规范资产交易，东莞市要求集体资产必须全部上平台交易。整体来看，农村（社区）集体资产交易的具体范围主要包括以下几大方面：一是农村（社区）集体经济组织农用地的发包；二是厂房、商铺、专业市场的出租、出让；三是其他集体资产的出让、出租、发包等。截至2015年9月，东莞农村（社区）集体资产交易管理平台成功交易两万多宗，交易金额已突破280亿元，交易总体溢价率达9.4%，为村、组两级集体经济组织带来直接增收24.2亿元，实现了集体资产交易的全覆盖，为交易的规范化、高效化奠定了坚实的基础。

（二）创新分级交易平台管理模式

东莞市建立了镇、村两级交易平台，通过统一管理，两大平台各司其职，形成互补。一是镇级交易平台。由交易会场、官方微博、门户网站和交易系统四大块组成，一方面，负责组织实施镇属资产和较大规模的村属资产的交易和管理；另一方面，则负责对村级交易平台进行指导与管理。二是村级交易平台。该平台是镇级交易平台下设的交易点，也是各村一般性集体资产交易的机构。村级交易平台由各村自行搭建，根据镇交易中心的要求建立交易场所、配备工作人员和其他必要设施，并按照交易管理中心制定的细则、程序组织交易。设置两级交易平台，避免了交易过度集中所造成的主体积极性受挫、交易不及时等问题，实现了资产交易管理的全覆盖。

（三）农村个人资产交易新探索

随着农村综合改革的不断深入，除了全面进行农村集体资产的市场交易外，东莞市开始着手探索新的领域——即农民个人资产上平台。一是免费提供信息发布平台。农民可以向交易中心申请信息发布，交易平台将在网站、电视、报纸等媒体上为其进行免费发布，提升交易效益。二是考虑将土地承包经营权、村民房产纳入交易范围。三是在条件允许的时候，逐步尝试股权流转市场化。通过将农民的物业、财产纳入农村（社区）集体资产交易管理平台，将真正实现农村（社区）资产交易的全面市场化，规范个人资产交易的有序性与效益性，提高农民个人资产的价值，增加农民的收入，保护农民的财产权利。

二 交易方式渐完善，破解交易无章，实现长效化交易

过去，集体资产的交易分散无序，生产要素流动范围有限，导致高质量项目引入难、交易收入增长难、集体资产管理难。东莞市通过建立农村（社区）集体资产交易管理平台，建立起一系列完备的交易制度，不断完善交易方式，实现了资产交易的便捷化、制度化与长效化。

（一）分类交易，实现交易高效

为保证交易的便捷性，也节约交易成本，东莞市根据资产类型的不同，将交易分为零短资产、续约资产、磋商等类型，分门别类地制订交易方案。一是零短资产交易。由于村（社区）一级的资产交易大多属于小宗、短期、零碎型的，对于这类资产交易，经业主单位主管部门或集体经济组织理事会同意后，可由业主单位直接进行交易或合同续期；二是续约资产交易。对涉及优质企业、纳税

大户、更新改造及企业配套和持续经营的集体资产，可由股东代表大会表决通过，并经业主单位主管部门审查同意之后，由业主单位直接与原承租方或承包方在合同到期后协议续约。三是磋商交易。因执行国家产业政策或规划需要所招引的特别项目，经政府主管部门同意，还可依照相关规定直接与特定意向人磋商达成交易。分类交易原则，尊重资产的实际属性，使得集体资产交易更灵活、便捷，更具实效性。

（二）双线同步，拓展交易空间

随着资产交易平台操作不断规范，既保证了交易秩序，也使得生产要素的跨区域流动成为可能。东莞市在不断完善平台线下交易的基础上，进一步突破地区局限，成为全国首个采取“互联网+”的模式开展集体资产网上交易的城市。一方面，规范管理线下交易。通过实现交易全过程的制度化，东莞资产线下交易从申请立项、审核材料到确认成交，及至交易后的监管，都制定出规范的程序，并向公众发布。另一方面，拓展资产网上交易。为不断深化“两个平台”建设，顺应“互联网+”的时代要求，东莞选取虎门、寮步两个镇在全省率先启动网上交易试点建设，开发网上交易系统。通过建立健全网上保密性报名、网上分散性竞投等全程软件化操作方式，保护交易竞投人信息，最大限度地降低交易过程的人为干扰，最大限度地拓展交易意向人的群体范围。网上交易的实施推动了东莞农村（社区）资产交易从局限在东莞当地的“有界”交易跃升至向全国各地开放的“无界”交易。

（三）交审分离，增强交易监管

东莞市农村（社区）集体资产交易管理平台遵循“交审分离”原则，即镇街的交易事项审查机构与交易活动服务机构分开设置。交易事项审查由镇街农村（社区）集体资产管理部门兼顾，交易活动服务机构可单独设置，可与现有机构合署，也可委托中介机构代理。如虎门镇组建了资产交易管理中心和资产交易会审小组，分别行使交易业务组织和交易事项审查监督职能。一是镇集体资产交易管理中心。它主要负责落实台账动态管理、发布交易信息、组织交易、组织合同鉴证、管理交易档案等工作。二是镇集体资产交易会审小组。该小组由镇国土、规划、环保、农业、社资办等部门组成，负责对产权不清晰等复杂交易事项进行会审。社区集体资产交易的一般事项，则由镇社资办直接审查。交审分离，跨好了阳光交易的第一步，有效挤压了暗箱操作的空间，保证了交易的规范化。

三　交易监管全程式，消除暗箱操作，实现阳光化交易

集体资产交易平台通过信息化手段，对交易实行全过程监控，从交易信息的发布到交易合同的履行，直至各村（社区）交易情况的年度分析，环环相扣，挤压了权力寻租空间，真正实现了阳光化交易。

（一）信息透明，保障事前公开

一是交易信息全公开。为保证信息公开，东莞市专门建起了集体资产交易网和官方微博，交易管理中心及时将各类交易信息上传到网站、微博和镇（街道）有线电视台公开发布。将资产交易从一开始就置于包括所有者监督、管理者监督、媒体监督、社会监督等在内的各类监督之下，业主、普通群众和承租（让）人可随时随地上网查询资产信息、交易结果及交易时间，并可以在网上开展交易咨询。二是信用记录考察制。为营造诚信受益、失信受惩的市场氛围，东莞市引入信用记录，建立竞拍者的资格考察机制。东莞市各镇（街道）通过及时收集、审查所辖区域内，交易相关人的信用情况，将信用记录不良的法人或自然人列入交易平台信用风险警示名单，向各集体经济组织进行风险提示，并在交易网站上予以公布。各集体经济组织可以设定“不接受纳入东莞市农村（社区）

集体资产交易管理平台信用风险警示名单的法人或自然人竞投报名”的交易报名条款，履约记录不良者将被限制参与全市村组集体经济的交易或要求大幅提高其缴纳交易保证金的比例，将信用不良者拦在资产交易的门外。

（二）多元监督，保障交易阳光

为保证交易的公正性，东莞市建立了对交易过程的多元监督体系。一是集体经济组织监事会成员现场监督交易过程；二是镇集体资产交易管理中心派专人对农村（社区）交易点自行组织的交易进行现场监督；三是纪检部门监督；四是矛盾处理民主仲裁。集体资产属于集体成员的共同资产，若集体资产交易过程中遇见较大分歧或者发生矛盾时，一般由村民代表大会进行仲裁决定，通过民主协商的方式，让公民参与到集体资产的交易过程中，保障村民的监督权与决策权，对集体资产的交易实行全方位的监督。通过建立多元监督体系，有效确保了交易活动公平性、公正性、时效性，做到了对农村（社区）集体资产交易的全覆盖、全方位的监督，消除了监管盲区，实现了“阳光化”交易。

（三）动态监管，保障交易长效

在集体资产顺利交易成功后，东莞市继续对交易后期运行进行监管。一是交易到期提醒。为有效监管已交易成功的资产的管理情况，东莞市农村（社区）集体资产交易管理平台系统可以根据资产合同的履行情况，自动发出信息提示，及时提醒集体做好相关资产再次交易的准备，保障合同的如约履行。二是台账动态监管。东莞市将所有交易信息电子化，建立起动态监管的台账管理系统。一方面，及时拒绝受理不规范的操作；另一方面，实时监控农村（社区）集体经济的财务变化状况，并按月制作统计报表，对各镇村（社区）集体经济的交易情况进行监管与分析。三是处置效益监管。东莞市通过交易平台，可以测算镇村（社区）集体经济交易总额、溢价率等数据，以此判定各村（社区）在资产出售、出租等方面的经济效益，为村（社区）集体经济转型发展提供决策参考。加强对资产交易处置效益的监管，一来可以确保交易的持续质量；二来及时履行合同内容，分析交易存在的问题并及时解决处理。

四　东莞市“阳光交易”的经验与启示

（一）要素市场化是激活农村（社区）集体经济的基础

通过农村工业化，并以传统要素投入为主发展起来的“东莞模式”，在经历2008年的金融风暴冲击后，集体经济的发展困境日益凸显出来。过去，东莞市的农村（社区）集体资产交易分散而无序，“老客户”逐步流失，租金始终徘徊在较低水准。通过建立集体资产交易管理平台，顺利实现生产要素的市场化，吸引了一大批高质量、高科技、高水平的新客户进入，让“沉寂”的集体经济再一次“火热”起来。截至2015年9月底，东莞农村（社区）集体资产交易平台成功交易2万多宗，交易金额已突破280亿元，交易总体溢价率达9.4%，为村、组两级集体经济组织带来直接增收24.2亿元，集体资产交易平台成为激活农村（社区）集体经济的重要抓手之一。

（二）交易制度化是农村（社区）集体经济长效发展的保障

东莞农村（社区）集体资产交易平台，将集体资产管理交易整个链条整合在一个系统中，通过建立起一套科学合理、操作性强的制度，让交易双方有章可循、有制可遵。为保障农村（社区）集体资产交易平台的有序运转，东莞市出台了一系列平台建设的指导意见和实施方案，有关部门高屋建瓴的拟定了平台的基本原则、工作步骤、责任分工和保障措施，各镇（街道）也结合各地实际情况，制定相关制度和实施细则。通过建立制度化的交易程序，以程序保障规则，以规则保障规范，以规范保障权威，让各项工作得到明确的细化和分工安排，有效实现了集体资产监管机制运转的常态化、制度化，保障了资产交易平台持续、有效地运转，实现了生产要素的有序流动与交易。

（三）集体资产交易管理平台是东莞产业转型升级的有力推手

东莞市经过前30多年的发展，传统的生产要素组合带来的发展红利释放殆尽，产业结构调整不可避免。但在实践中，部分村干部怕失去“老客户”，村民的谈判劣势，导致资产价格长期徘徊在一个较低的水平。建立资产交易平台，把集体资产经营权置于公开的市场竞争中，传统业者要么通过调整生产和产品结构、更新经营模式、提高经营管理水平等来提高效益，以消化减去增加的生产成本，要么被更优质的产业所取代。部分具有先进投资理念和能力的投资者，则会通过公开、公平交易方式，获得集体资产经营机会。落后产业的淘汰、传统经营方式的调整、新的优质客户的进入，全在集体资产交易管理平台完成，集体资产交易管理平台成为了东莞集体经济转型升级的有力推手。

智能监管：引领集体“三资”监管现代化的新常态[①]

——基于东莞市“三资”监管平台的调查与思考

党的十八届三中全会提出了“保障农民集体经济组织成员权利”的改革目标。但对东莞而言，其农村集体经济长期延续“信息不对称”的封闭监管模式，表现为“主体单一、权责不清、反馈滞后、方式低效”，致使监管陷入“上级监督太远，村务监督太软，村民监督太难”的困境。为此，东莞市秉承“互联网＋”的理念，借助现代信息技术手段打造农村“三资”监管平台，通过延展主体、问责客体、实时反馈和优化功能，探索出“全域覆盖、全程留痕、全天追踪、全网自动”的“智能监管”新模式，落实了群众的知情权和监督权，保障了农民的财产权，为建立现代化的监管模式提供了新思路。

一　智能监管：引领集体“三资”监管现代化的新探索

为进一步规范农村集体账目、合同、票据等财务管理，从机制上杜绝财务管理漏洞，东莞利用信息化手段，在全市 32 个镇街建立了“三资”监管平台，实现了对村组经济、财务等行为的实时

---

① 作者：华中师范大学中国农村研究院党亚飞、刘燕。

和全程监控。

（一）延展主体，从单兵作战到全域覆盖

传统监管主体相对固定与单一，然而监督事务面广线长，监督力量存在不足。通过智能监管，东莞市延展了监督主体的范围，实现了监督主体从单兵作战到全域覆盖。一是纵向打通，延伸监管链条。建立覆盖市、镇、村、组四级的“三资”分布式网络监管系统，东莞32个镇级资产交易平台、372个村级交易点和近3000个农村集体经济组织全部纳入监管平台接受实时全过程监督。无论是监管部门还是普通村民都能及时查看各级资产交易过程，形成了“交易对上瞒不了，对下遮不住”的局面。二是横向并联，扩展监管范围。以往监管资产需要审计、农资办和纪检等多个部门分别统计信息，极易出现“监管盲区”。现在以监管平台为载体，整合“三资”台账、合同管理、票据管理、股权管理、薪酬管理、财务核算、统计分析、财务公开等信息，实现了市镇相关部门随时汇总数据，做到“监管零距离”。三是衔接互动，形成监管合力。由市镇国土、规划和环保等部门组成的集体资产交易会审小组，负责对产权不清、资产专业用途等复杂交易事项进行会审并将结果实时网上公示。随后，镇村组交易视频实时上传至四级监控网络。上下各个部门合力监管，避免了“监管真空”。

（二）问责客体，从无据可依到全程留痕

传统监管模式可操作性弱，造成监管“无据可依、无处下手”。智能监管则更注重内容的具体性、操作性与实用性，实现了监管客体的全程留痕。一是源头留痕，公开监管内容。东莞依托监管平台，对各类型的集体资产交易从招标到成交的操作规范全部“上网”，让村民明白“监督什么，怎么监督”。同时，各镇街、村（社区）还通过门户网站、微博群、手机报、电视台、社区电子屏等，及时发布交易信息，扩大监督范围，公开接受不同群体的监

督。二是环节留痕，规范监管程序。东莞将资产交易平台与资产监管平台无缝对接，系统自动采集集体资产交易过程的全部信息，包括数据、照片、合同、权证等，按照“一宗交易一个档案”原则，收集从交易申请书到交易合同的一系列文书电子资料，建立完备的电子档案，确保程序规范，有迹可循。三是终端留痕，考核监管绩效。平台工作人员的每一项操作精确到“时、分、秒”，监督人员对平台人员的办事效率一目了然。考核发现属于人员问题的，及时对其进行调换和培训。这不仅提高了政府的响应能力，也促进了服务效能升级。

（三）实时反馈，从延时反映到全天追踪

东莞利用信息化技术提升了监管的智能化，克服了传统监管信息的延时反映，实现了对“三资”信息的全天候追踪反馈。一是全天候公开，信息“看得见”。监管系统可以实时监控村组的每一份合同、每一笔开支、每一张凭证，实现了信息定期公开向随时公开，事后公开向全程公开的转变。二是全时段检查，资产“管得住”。通过监管平台，不仅有关领导和业务部门可以随时检查指导全市集体“三资”管理工作，同时系统也授权集体经济股东查阅权限，增强股东对集体资产运作的知情权、监督权，做到干部“清清白白”，股东“明明白白”。三是 24 小时分析，监管“做得好”。系统 24 小时运转，对集体经济组织的合同兑现、集体开支、股权管理和账款追收等进行全程动态分析，降低集体运营风险和资金成本，实现了权力在阳光下运行，资产在改制中增值，资金在网络上监管，资源在市场中配置。

（四）优化功能，从人工测算到全网自动

以往的监管模式通常是事后发布信息，而不以动态信息支持决策，经常导致“有监无管”的尴尬局面。东莞的监管平台则优化了统计分析功能，实现了从人工测算到全网自动。一是自动提示合

同，督促及时交易。监测模块记录了合同执行期、合同与集体资产关联关系等重要信息，及时提醒将已到合同期的集体资产重新纳入交易程序，为督促集体资产进入平台交易起到提示作用。二是自动监控分红，促进持续发展。根据监控系统数据信息，实时监控村组股东分红等福利支出情况，严控举债分红。同时科学编制集体经济组织年度预算，严控行政成本，减轻了集体支出负担。三是自动锁定风险，服务科学决策。当农村集体经济组织招待费、差旅费、通信费、干部报酬等超过一定的规定值，或者收支出现不平衡以及资产负债率超过比例时，监管系统就会自动锁定风险并报警，提醒采取相应措施，堵住“先斩后奏”的管理漏洞。四是自动分类预警，强化监管效能。系统相应设置了做账进度预警、大额资金变动预警、费用支出预警、经济合同预警和工程项目预警等。还重点监测接待费、股东分红、负债率、回款率等数据指标，并进行相应预警，以提醒镇村对有关指标的控制，促使对集体资产从被动监控向主动监管转变。

二 成效显著:智能监管助力农村综合改革

（一）明晰了集体产权，壮大了农村集体经济

一是明晰了集体产权。通过加强农村集体“三资”监管，完善了资产、资源的评估、登记、经营制度，使多年游离于账外的资产、资源得到监管、开发和利用；二是盘活了集体资产。通过对土地、房屋、设备、堰塘等闲置资产、资源的盘活和利用，使农村集体经济实力得到发展壮大。三是壮大了集体经济。通过监督交易平台的竞价，实现了集体资产的保值增值。截至 2015 年 9 月，东莞农村（社区）集体资产交易管理平台成功交易 2 万多宗，交易金额已突破 280 亿元，交易总体溢价率达 9.4%，为村、组两级集体经济组织带来直接增收 24.2 亿元。

（二）维护了农民权益，保障了农民财产性收入

一是保障了村民的知情权。以一个鱼塘承包合同为例，通过监管平台，村民可查询鱼塘的承包信息、审批公章、相关责任人签字等内容，还包括鱼塘的实景照片，所有信息均有据可查。二是落实了村民的监督权。村民通过登录监管平台网页，就能实时查阅自己关心的“三资”信息，还能致电咨询。正如股东代表所说：“以前出租厂房，不知道市场行情，现在只要上网查阅整个交易过程就可以知道最高价。”三是维护了村民的收益权。监管平台的运行，进一步明晰了产权关系，把属于农民的集体资产量化到个人，使农民群众吃了“定心丸”。

（三）化解了信任危机，提升了农村社会治理水平

一是化解了利益纠纷，缓解了干群矛盾。通过建立东莞市“三资”监管平台，斩断了封闭的信息链条，加强了村民对村干部的监督，严厉打击了“灰色收入”现象，缓解了干群矛盾。二是化解了信任危机，提升了干部公信力。监管平台给村干部的工作带来了“福音”，从公信力提升的角度融洽了干群关系。正如虎门镇干部所说：“农贸市场的租赁，竞标过程透明了，保护了我们基层工作人员，也提高了干部的威信。”三是杜绝了暗箱操作，避免了“小官大贪”。通过监管平台，对股东分红、土地资金、接待费用等敏感开支实时预警，对大笔现金流、合同收款进度实时监控，堵塞了“暗箱操作”的管理漏洞，个别心术不正的干部感受到头上有了“紧箍咒”，同时也给了大部分洁身自好的干部一个“护身符”。

三 启示与价值：实现监管现代化的新思路

（一）智能监管需以维护农民权益为根本目标

在城市化进程日益加快的经济发达地区，加强农村集体“三资”监管，必须要把满足农民群众的紧迫需要作为根本出发点和

落脚点，把农民群众是否满意作为衡量监管成效的唯一标准，从而实现好、维护好、发展好农民群众的最根本利益。东莞市的监管平台正是把各项资金及使用情况、农村集体资产和资源处置情况等农民群众关心的事项作为监管重点，因此赢得了群众的高度认可与积极支持。

（二）互联网技术是实现智能监管的有效载体

通过信息化促进集体“三资”监管，把制度的规定转化为电脑执行程序，以网络来辅助制度的执行，有效地消除了制度落实中“合意的执行，不合意的不执行”、“上有政策，下有对策”等现象。东莞市依托信息技术实施网络监管，各类农村集体“三资”信息全部进行网上公开、网上运行、网上监管，实现了“三资”监管的公开化、公正化和规范化。

（三）强化制度设计是智能监管的重要保障

“三资”管理是一项牵涉面广、比较复杂的工作，在推进过程中，不仅要借助先进的互联网技术，更要做好制度配套。东莞市通过建立健全农村基层干部任期目标责任制、农村集体经济审计办法、农村干部任期和离任经济责任审计办法等一系列配套管理制度，保证了监管工作有章可循、稳步推进。同时积极探索农村干部奖惩激励机制，激发村组干部发展集体经济、增强集体组织监管动力，提高干部干事创业的积极性。

（四）智能监管是监管现代化的新常态

十八届三中全会明确提出了“保障农民集体经济组织成员权利”。而监督权是收益权的重要保障。这就指明了“三资”监管的改革方向，即以监管现代化跟上集体经济转型升级的步伐。而智能监管是监管现代化的有效实现形式，只有运用信息化的监管技术，扭转信息不对称的局面，才能落实群众的监督权。东莞智能监管的成功实践，引领了我国监管现代化的新常态。

社会反响篇

广东省东莞市：推动农村综合改革创新

《人民日报》内参部主办的《内部参阅》2016 年第 2 期

东莞是中国的制造业名城，近年来在大力推进经济社会转型发展的同时，其农村综合改革也颇有成效。尤其是 2013 年被批准为创建全国农村综合改革示范试点市以来，坚持以问题为导向，以激活农村经济社会发展内动力为主线，从规划建设、产权管理、经济发展、社会治理、公共服务均等化等方面入手，着力破解农村基层管理任务不断加重、经费负担不断加大、发展后劲日趋减弱等难题，加快探索农村转型发展、科学发展之路，闯出了农村改革新天地，推动了城乡发展一体化。

优化产权管理体制，赋予农民更多集体财产权益

万树芬是虎门镇镇口社区的党工委书记，只要一有空，他就要去生意兴旺、人头攒动的运河边农贸市场。这个 3 年前还“招租难”的农贸市场，如今带来的收益比以前高了好几百万元，翻了一倍多，这让万树芬万万没想到。一直以来，东莞集体资产零散化的交易方式，让运河边农贸市场的经济效益非常低下，为了让村民的集体资产保值增值，万树芬不得不提高租金，却不料被村民一纸匿名信告到了镇里，说他暗箱操作。正当焦头烂额时，虎门集体资产交易平台启动了试运行。从台账动态管理、交易信息发布、交易活动组织到经济合同鉴证、管理交易档案等工作，全部都由集体资产交易管理中心负责落实，并且对村民完全公开。万树芬打算“吃个螃蟹”，向村民们征求了意见，大家都拍手叫好。不出一个月，农贸市场的招租就在集体资产交易平台以每年 549 万元的租金成交了，这比上年的承包价格高出了 200 多万元。

把集体资产处置这块“烫手山芋”递给集体资产交易管理中心，还能实现集体资产的保值增值，东莞各镇村都纷纷效仿。现如今，东莞市已经建立了32个镇街农村集体资产交易平台和372个村级交易点。到2015年10月，东莞成功开展集体资产交易项目23267宗，成交额达294亿元，为集体带来直接经济效益24.4亿元。2015年9月，东莞还建成了广东省首个农村集体资产网上交易平台（http://trade.dgnzb.dg.gov.cn），10月20日完成首批交易。网上交易平台上的交易项目均面向全社会开放，通过网络报名申请、网上缴纳保证金、网上大厅交易等方式，消除地域、空间的限制，交易竞投人无论身在何处都可以通过网络参与交易，使东莞集体资产公开交易的平台从局限在东莞当地的“有界”交易跃升至向全国各地开放的“无界”交易。

如今，东莞还通过建立覆盖市、镇、村、组四级的“三资”（资金、资产、资源）监管平台，将全市近3100个农村集体经济组织的资产、合同、账目、票据等全部纳入平台监管，对每一份合同、每一笔开支、每一张凭证进行实时监控，堵塞了管理漏洞，消除了群众猜疑，使村民明白了、干部清白了。此外，东莞采取“直接确地”和“确股确地”，让农村土地的产权更加明晰。创新的农村产权管理制度，正是对党的十八届三中全会提出的“让农民在农村的‘死资产’变为‘活资本’”的有力明证。

创新经济发展方式，促进农村经济转型升级

东莞原有的村组集体经济体各自为政、发展方式单一、管理水平低、盈利能力不足。面对这种情况，东莞立足大平台、高层次、多元化，加快推动集体经济转型升级。

翟建华，南城街道周溪社区副书记，土生土长的东莞人。他走在高盛科技园，看着整洁有序的园区环境和穿梭其中的白领们，心中唏嘘不已。2010年以前，这块土地上还是三家劳动密集型工厂，租金低不说，还到处都堆放着工业垃圾。后来，配合东莞经济转型，工厂迁移到了外地，这块地便空了下来。村里常年经商的严姓兄弟找到翟建华，说市里正好出台了镇村招商引资、“三旧”改造、村制造业纳税大户和村重点项目税收等奖励政策，对“工改工”、创新型经济等9大产业升级项目进行补贴。兄弟俩想借着这个政策补贴的机会，尝试一下经营高科技产业园区，双方一拍即合。如今，高盛科技园已经成为“国家级科技企业孵化器”，吸引了437家高新科技企业的进驻，改造后园区企业总产值从每年3000多万元提升到每年10亿元；总税收从每年210万元提升到每年6500万元，物业租金翻了五六倍。

从加工工厂变高新科技园区，低层次物业出租向高级物业经济的转变只是东莞的农村集体经济转型的惊鸿一瞥。东莞加快推进物业经济的转型升级，2015年部分村集体与企业合作改造“三旧”项目面积31.6万平方米，预计可为村集体带来收入33.8亿元。通过推行“市、镇主导开发，市、镇、村三级分利”的发展模式，发挥水乡特色发展经济区、粤海产业园等重大项目、重大产业集聚区、重大科技专项的带动作用，引导村（社区）以土地、资金等形式入股市、镇大型基础设施建设、园区开发等项目。2013年以来，全市各村（社区）共投资109亿元，参与投资厂房、商铺及其他企业项目近4000宗，有效地促进了市、镇、村（社区）共赢发展。同时，还鼓励集体经济将闲置资金投入保本型的理财产品，推动集体闲置资金从银行收息向多元化投资转变。2013年以来，全市各村（社区）共投入112亿元进行信托理财、银行投资等理财项目。比如，全市有12个镇83个村（社区）累计投资11.1亿元参与东莞信托的“从莞高速”理财项目，实现投资收益8400多万元。

集体经济的转型发展，让集体资产不断升值，也让管理集体资产更具挑战。为此，东莞在全市范围内推行了村级预算制度，将集体资产收益有序地运用到村组运转中。到2015年10月，东莞村、组两级集体总资产已经达到1406亿元，约占全省同级资产的三分之一。农村集体经济的转型升级，不仅成为东莞产业转型升级的坚实后盾，也正是对党的十八大“增强农村发展活力，促进城乡共同繁荣”的最好回应。

创新农村社会治理，逐步构建起基层善治格局

萧穗聪是水乡地区麻涌镇公用事业服务中心环卫股股长，他看着焕然一新的村居街道，心中简直无法想象，这里曾是村民们怨声载道的麻二社区。过去，由于水乡地区本就是高能耗、重污染企业的聚集地，加之村级的管理资金本就相当缺乏，环境卫生竟成了一个看似简单却无法解决的难题。麻二社区2013年前的环卫工作开展十分困难，村民们隔三岔五就要投诉村里的卫生“脏乱差”，但环卫工人都是乡亲邻居，谁也不好说了重话、伤了和气。萧穗聪告诉记者“之前村里日常开支都要精打细算，哪儿来的钱请环卫工？工资太低，本来就没几个人愿意干这活儿。”

2013年起，东莞市从市镇参与税收分成中切块5%，设立了农村基本公共事务补助专项资金，专门对村（社区）负担较重的环卫、治安、行政管理等重大公共开支补贴。2013年到2015年的3年中分别补助13.7亿元、16.7亿元和18.3亿元，累计达到48.7亿元。同时，实施环卫管理统筹，以镇街为单位统筹村级环卫管理事务，逐步由市、镇两级承担村级环卫支出，由镇街统一采用市场化方式负责村级环卫保洁、垃圾收集工作，并统一将垃圾转运至无害化处理厂进行处理。目前，415个村（社区）环卫管理事务由镇街统筹，环卫管理资金负担减轻60%以上，其中12个镇街的村（社区）环卫支出实现零负担，这下村民们可满意了。

让村民高兴的可不只是优美的环境，如今，村民办事儿也越来越便捷了。随着“莞版30条”的推出，村民们已经可以在集党务服务、法律服务、社会事务、劳动社保、人口计生、文化教育等为一体的综合服务管理中心，通过其“直接办理”“社区代办”“巡回服务”“网上办理”等服务模式，在村里“一站式”办理90多项业务，实现了“不出社区能办事，有无熟人办成事”的目标。在“一事一议一自治”的机制下，村民们还踊跃加入“阳光雨党员服务中心”、“白玉兰家庭服务中心”、“莞香花青少年服务中心”

等一批群团组织，纷纷参与到社会治理中来；最让大家称道的，是在全国率先开展的积分制探索，它让基层社会治理融入老百姓日常生活中的点点滴滴，将党的十八大提出的“社会治理体系和治理能力现代化”接上了农村的地气。

经过几年来的努力，东莞以激活内动力为核心的农村综合改革取得了明显成效。

一是农村发展活力显著增强。农村集体纯收入近3年均保持双位数增长，2014年突破百亿元大关；2015年10月全市村组两级集体总资产达到1406亿元，约占全省同级资产的三分之一。

二是农村基层负担有效减轻。村一级的治安、环卫、公共管理等重大公共事务经费支出大幅减少，会议、接待等费用明显压缩，2015年10月底集体资产负债率下降到历史同期最低点。

三是农民收入实现稳步增长。2014年农村常住居民人均可支配收入为22327元，名列全省各市第一。城乡居民收入差距由2012年的1.72∶1缩小至2014年的1.65∶1，远低于全国、全省平均水平。

四是基层治理难题得到有效破解。党委领导、政府负责、社会协同、公众参与、法治保障的基层治理格局日趋完善，推动了农村社会和谐稳定。在2014年大幅下降的基础上，2015年前三季度因村务管理问题上访批次、人数同比再分别减少38%和49%。

五是社会正能量得到广泛传播。推行家居美德和文明行为积分等，鼓励群众做好人、做善事，涌现出713名“东莞好人”和一大批社区好人，逐步形成“好人接力”、“好人森林”的生动局面。

中国地方政府改革创新成果发布

《中国日报》中文网　2015年12月15日　记者:《中国日报》中文网

由华中师范大学中国农村研究院、教育部《高校智库专刊》社会发展编辑室、华中师范大学中国城市治理研究院联合创办的

“第二届中国地方改革创新经验发布会暨基层治理创新发展地方经验报告会”（以下简称“经验发布会”）15日在北京召开。广东省东莞市、四川省都江堰市以及湖北省秭归县的地方改革代表分别作了经验分享与成果汇报。

面对经济和社会转型的双重压力，东莞市以农村综合改革为契机，积极探索农村发展转型升级之道，以“激活内动力”为核心，即以经济转型、服务完善、治理升级为三大动力，通过“统筹、分治、合作”三步走，实现经济和社会协同发展，在盘活资产中提升经济水平，在治理改善中促进社会转型，多管齐下、全面突围。都江堰在统筹城乡发展过程中，以“美丽我院、美丽我家”环境整治为契机，探索出一条以院落为单元，党引民治的基层治理创新的新路子。地处三峡工程坝上库首的秭归县改变治理思路，创新治理方式，通过划小村落范围，推选“二长八员”，借此激发群众自治的内在动力，破解了当前的村民自治发展困局。

据悉，本次经验发布会是在2014年首届发布会成功举办的基础上所进行的进一步推广和提升，并将形成年度性新闻发布模式。

第二届中国地方改革创新成果新闻发布会召开

中新网　2015年12月15日　记者：陈岩

中新网湖北新闻12月15日电（陈岩）12月15日，由华中师范大学中国农村研究院、教育部《高校智库专刊》社会发展编辑室、华中师范大学中国城市治理研究院联合主办的第二届中国地方改革创新经验发布会暨基层治理创新发展地方经验报告会在北京召开。长江学者、中国农村研究院院长徐勇教授和来自广东东莞、四川都江堰、湖北秭归的政府负责人出席，国内外52家新闻媒体记者参加。发布会由中国农村研究院副教授郝亚光主持。

中国农村研究院执行院长邓大才教授介绍地方改革创新实践总

体情况。他指出，此次经验发布会主要面向地方市、县级和市、县级以下政府单位及其组成部门，根据自愿性、无偿性、公正性原则，由专家评审委员会和筹备委员会两大机构评审、遴选出具有创新典型性和重要推广价值的地方改革实践进行重点挖掘并予以发布。邓大才说，举办发布会的目的是“牵线搭桥”，促进中央精神与地方探索的积极互动，推动创新实践的经验推广和理论提升，更好地展示中国特色社会主义实践成就，实现国家治理体系和治理能力现代化。

邓大才分别介绍了三地的改革实践活动和创新经验。他认为，广东省东莞市“激活内动力”对农村综合改革的有益探索、四川省都江堰市“党建引领，院落自治”的地方改革创新实践、湖北省秭归县“村落自治”探索村民自治有效实现形式，对党的十八届三中全会的战略部署作出的积极回应，并与十八届五中全会精神中的“坚持创新发展，必须把创新摆在国家发展全局的核心位置，不断推进理论创新、制度创新、科技创新、文化创新等各方面创新”遥相呼应，为我国全局性的进一步深化改革与创新提供了实践参考，为治理决策提供了经验范本，并对“十三五”时期的目标实现有一定的促进作用。

广东省东莞市农业局局长张永忠介绍了东莞改革创新经验。他说，面对经济和社会转型的双重压力，东莞市以农村综合改革为契机，积极探索农村发展转型升级之道，以“激活内动力”为核心，即以经济转型、服务完善、治理升级为三大动力，通过“统筹、分治、合作”三步走，实现经济和社会协同发展，在盘活资产中提升经济水平，在治理改善中促进社会转型，多管齐下、全面突围。

四川省都江堰市委组织部部长刘嘉聪介绍了都江堰改革创新经验。她说，都江堰在统筹城乡发展过程中，基层面临着“上面管不着、下面难自治、服务难到位”的困境。为此，都江堰以“美丽我院、美丽我家”环境整治为契机，探索出一条以院落为单元，党引民治的基层治理创新的新路子。都江堰的改革实践对中央提出的“激发社会组织活力”和“改进社会治理方式”的具体要求作出了积极探索，打造了当前基层善治的“都江堰样本”。

湖北省秭归县委组织部部长赵万华介绍了秭归的改革创新经验。他说，地处三峡工程坝上库首的秭归，是集老、少、边、穷、库、坝区于一体的山区农业大县，在基层治理中面临着诸如“村服务半径过大，公共服务难落地”“行政村事务繁重，干部较少难承担”“行政村利益多元，集体行动难实现”等困境。该县改变治理思路，创新治理方式，通过划小村落范围，推选“二长八员”，借此激发群众自治的内在动力，破解了当前的村民自治发展困局。

中国农村研究院地方改革研究团队与广东东莞、四川都江堰、湖北秭归相关负责人回答了记者提问。

徐勇总结说，召开中国地方改革创新经验发布会的目的是为改革加油，为创新鼓劲。此次发布会的关键有两个，一个是动力；另一个是支点。改革的动力在于地方、基层和民众。发布经验的三个基层共同点是找到了支点，支撑改革的突破点，把中央的改革政策落地了。徐勇指出，改革过程中，必然会出现不少难题，如何破解？这三个基层“先行一公里”，即改革探索“先行一公里”，破解了“最后一公里”，即关键性问题，他们的好经验可推广复制。三个地方是改革创新，不仅解决了现实问题，而且探讨了治理规律，是一种长远发展的改革思维。

第二届中国地方改革创新经验发布会在京举行

中青在线　2015 年 12 月 15 日　记者：雷宇

中青在线北京 12 月 15 日电（中国青年报·中青在线记者雷宇）今天上午，“第二届中国地方改革创新经验发布会暨基层治理创新发展地方经验报告会”在京举行。广东省东莞市、四川省都江堰市、湖北省秭归县等三地农村改革试点经验成为中外媒体关注的焦点。

创造了“经济奇迹”的广东省东莞市，面对近年来经济、社会转型的双重压力，积极探索农村发展转型升级之道，在盘活资产中提升经济水平，在治理改善中促进社会转型全面突围，为寒冬中的中国经济找到了发掘“内生动力”的标本。

四川省都江堰市在统筹城乡发展过程中，以“美丽我院、美丽我家”环境整治为契机，探索出一条以院落为单元，党引民治的基层治理创新的新路子，催生了我国“农村产权制度改革第一村”。

地处三峡工程坝上库首的湖北省秭归县改变治理思路，创新治理方式，通过划小村落范围，推选“二长八员”，激发群众自治的内在动力，破解了当前的村民自治发展困局。

发布会主办方、华中师范大学中国农村研究院执行院长邓大才教授点评，东莞等三地改革是对党的十八届三中全会的战略部署作出的积极回应，与党的十八届五中全会精神中的“坚持创新发展，必须把创新摆在国家发展全局的核心位置，不断推进理论创新、制度创新、科技创新、文化创新等各方面创新”遥相呼应，为我国全局性的进一步深化改革与创新提供了实践参考，为治理决策提供了经验范本。

针对社会上有人感觉“基层改革似乎越来越少”的疑惑，中国政治学会副会长、教育部首批文科“长江学者”特聘教授徐勇回应，地方改革正凸显新动向，就是基于中央的顶层设计，不仅强调问题导向，而且在探寻基层治理规律，三地的改革就是最好的注解，需要各方“为改革加油，为创新鼓劲”。

第二届地方改革创新成果新闻发布会暨基层治理创新发展地方经验报告会在京召开

央广网　2015 年 12 月 15 日　记者：吴菁

央广网北京 12 月 15 日消息（记者吴菁、通讯员陶明强）今天上午，由华中师范大学中国农村研究院、教育部《高校智库专刊》社会发展编辑室、华中师范大学中国城市治理研究院联合创办的“第二届中国地方改革创新经验发布会暨基层治理创新发展地方经验报告会”在北京召开。

华中师范大学中国农村研究院执行院长邓大才教授代表会议主办方，作了地方改革创新实践总体情况汇报。首先，邓大才教授就经验发布会的评审标准与会议目标作了介绍。他指出此次经验发布会主要面向地方市、县级和市、县级以下政府单位及其组成部门，根据自愿性、无偿性、公正性原则，由专家评审委员会和筹备委员会两大机构评审、遴选出具有创新典型性和重要推广价值的地方改革实践进行重点挖掘并予以发布。会议主办方希望通过此次发布会来“牵线搭桥”，促进中央精神与地方探索的积极互动，推动创新实践的经验推广和理论提升，更好地展示中国特色社会主义实践成就，实现国家治理体系和治理能力现代化。其次，邓教授分别介绍了三地的改革实践活动及当前地方实践总体进展情况。他认为，广东省东莞市“激活内动力”对农村综合改革的有益探索、四川省都江堰市“党建引领，院落自治”的地方改革创新实践、湖北省秭归县“村落自治”探索村民自治有效实现形式，对党的十八届三中全会的战略部署作出的积极回应，并与党的十八届五中全会精神中的“坚持创新发展，必须把创新摆在国家发展全局的核心位置，不断推进理论创新、制度创新、科技创新、文化创新等各方面创新”遥相呼应，为我国全局性的进一步深化改革与创新提供了实践参考，为治理决策提供了经验范本，并对“十三五”时期的目标实现有一定的促进作用。

接下来，来自广东省东莞市、四川省都江堰市以及湖北省秭归县的地方改革代表分别作了经验分享与成果汇报。

“激活内动力”：新时期农村综合改革的“东莞突围”

面对经济和社会转型的双重压力，东莞市以农村综合改革为契机，积极探索农村发展转型升级之道，以“激活内动力”为核心，即以经济转型、服务完善、治理升级为三大动力，通过“统筹、分治、合作”三步走，实现经济和社会协同发展，在盘活资产中提升经济水平，在治理改善中促进社会转型，多管齐下、全面突围。其主要特点是：第一，以激活“内动力”寻求经济可持续发展，主要途径是拓展多元化渠道，探索统筹化开发，促进规范化经营；第二，以健全服务促进城乡统筹发展，包括通过政府统筹促进公共服务均衡化，通过简政强镇推动行政服务高效化，通过放权市场主体推动社会服务常态化；第三，以创新治理推动社会稳定发展，主要包括健全组织载体（党组织、自治组织、社会组织）建立机制保障（参与机制、激励机制、监督机制）和搭建平台基础（协商平台、综合服务中心、政务服务平台）。东莞立足农村发展的内在动力，通过内生外动的改革实践，探索了一条农村综合改革的有效途径，推动了东莞城乡发展一体化的实现，为全国的农村改革提供了可靠经验。总体而言，东莞市的创新是对党的十八届三中全会提出的“赋予农民更多财产权利”“完善城镇化健康发展体制机制”“改进社会治理方式”和“激发社会组织活力”要求的回应，并与党的十八届五中全会中的“培育发展新动力，优化劳动力、资本、土地、技术、管理等要素配置，激发创新创业活力，推动大众创业、万众创新，释放新需求，创造新供给，推动新技术、新产业、新业态蓬勃发展”高度契合，最终实现了新时期农村综合改革的“东莞突围”。

中国地方政府改革创新成果发布

国际在线　2015 年 12 月 15 日　记者：国际在线专稿

由华中师范大学中国农村研究院、教育部《高校智库专刊》社会发展编辑室、华中师范大学中国城市治理研究院联合创办的“第二届中国地方改革创新经验发布会暨基层治理创新发展地方经验报告会”（以下简称“经验发布会”）15日在北京召开。广东省东莞市、四川省都江堰市以及湖北省秭归县的地方改革代表分别作了经验分享与成果汇报。

面对经济和社会转型的双重压力，东莞市以农村综合改革为契机，积极探索农村发展转型升级之道，以“激活内动力”为核心，即以经济转型、服务完善、治理升级为三大动力，通过“统筹、分治、合作”三步走，实现经济和社会协同发展，在盘活资产中提升经济水平，在治理改善中促进社会转型，多管齐下、全面突围。都江堰在统筹城乡发展过程中，以“美丽我院、美丽我家”环境整治为契机，探索出一条以院落为单元，党引民治的基层治理创新的新路子。地处三峡工程坝上库首的秭归县改变治理思路，创新治理方式，通过划小村落范围，推选“二长八员”，借此激发群众自治的内在动力，破解了当前的村民自治发展困局。

据悉，本次经验发布会是在2014年首届发布会成功举办的基础上所进行的进一步推广和提升，并将形成年度性新闻发布模式。

激活内动力：农村改革的“东莞突围”

《南方日报》　2015年12月16日　记者：王腾腾

《南方日报》讯（记者王腾腾）12月15日，由华中师范大学中国农村研究院等联合创办的“第二届中国地方改革经验发布会暨基层治理创新发展地方经验报告会”在北京举行。东莞市农村综合改革中激发内生动力，推动经济转型、服务完善、治理升级的做法得到了极大肯定，被誉为新时期农村综合改革的“东莞突围”。

东莞市农业局局长张永忠在介绍东莞经验时表示，东莞以激活内动力为核心的农村综合改革取得了明显成效，农村发展活力显著增强、农村基层负担有效减轻、农民收入实现稳步增长、基层治理难题得到有效破解。

近3年来，农村集体纯收入均保持双位数增长，2014年突破百亿元大关；2015年10月全市村、组两级集体总资产达到1406亿元，约占全省同级资产的三分之一。村一级的治安、环卫、公共管理等重大公共事务经费支出大幅减少，会议、接待等费用明显压缩，2015年10月底集体资产负债率下降到历史同期最低点。

2014年东莞市农村常住居民人均可支配收入为22327元，名列全省各市第一。城乡居民收入差距由2012年的1.72∶1缩小至2014年的1.65∶1，远低于全国、全省平均水平。

集体资产交易平台提高村民收益

在虎门镇口社区，以往招租难的运河边农贸市场如今人头攒动，生意火爆。这直接得益于集体资产交易管理平台的成立与运作。

一直以来，东莞集体资产零散化的交易方式，让运河边农贸市场的经济效益非常低下，为了让村民的集体资产保值增值，虎门镇镇口社区的党工委书记万树芬不得不提高租金，却不料被村民一纸匿名信告到了镇里，说他暗箱操作。正当百口莫辩焦头烂额之时，虎门集体资产交易平台的试运行让他长舒了一口气。

集体资产交易管理平台从台账动态管理、交易信息发布、交易活动组织到经济合同鉴证、管理交易档案等工作，全部都由集体资产交易管理中心负责落实，并且对村民完全公开。

万树芬打算“吃个螃蟹”，并以此自证清白，他向村民们征求了意见，获得同意。不出一个月，农贸市场的招租就在集体资产交易管理平台以每年549万元的租金成交了，这比2014年的承包价格高出了200多万元。万树芬的烦心事得到了解决，而且村民们的集体资产收益也获得了提高。

好事也能传千里。如今，东莞市已经建立了32个镇街农村集体资产交易平台和372个村级交易点。到2015年10月，东莞成功开展集体资产交易项目23267宗，成交额达294亿元，为集体带来直接经济效益24.4亿元。

2015 年 9 月，东莞还建成了广东省首个农村集体资产网上交易平台，10 月 20 日完成首批交易。网上交易平台上的交易项目均面向全社会开放，通过网络报名申请、网上缴纳保证金、网上大厅交易等方式，消除地域、空间的限制，交易竞投人无论身在何处都可以通过网络参与交易，使东莞集体资产公开交易的平台从局限在东莞当地的“有界”交易跃升至向全国各地开放的“无界”交易。

促进农村经济转型升级

东莞原有的村组集体经济体各自为政、发展方式单一、管理水平低、盈利能力不足。面对这种情况，东莞立足大平台、高层次、多元化，加快推动集体经济转型升级。

在东莞南城街道周溪社区的高盛科技园，在各大高新技术企业工作的白领穿梭其中。2010 年以前，这块土地上还是三家劳动密集型工厂，租金低、工业垃圾堆放成灾。后来，为配合东莞经济转型，工厂迁移到了外地，这块地便闲置下来。

此后，配合东莞市镇村招商引资、“三旧”改造、村制造业纳税大户和村重点项目税收等奖励，对“工改工”、创新型经济等九大产业升级项目进行补贴的政策，高盛科技园开始建立，如今已经成为“国家级科技企业孵化器”，吸引了 437 家高新科技企业的进驻，改造后园区企业总产值从每年 3000 多万元提升到每年 10 亿元；总税收从每年 210 万元提升到每年 6500 万元，物业租金翻了五六倍。

从加工工厂变身高新科技园区，低层次物业出租向高级物业经济的转变只是东莞的农村集体经济转型的惊鸿一瞥。东莞加快推进物业经济的转型升级，2015 年部分村集体与企业合作改造“三旧”项目面积 31.6 万平方米，预计可为村集体带来收入 33.8 亿元。

2013 年以来全市各村（社区）共投资 109 亿元，参与投资厂房、商铺及其他企业项目近 4000 宗，有效促进了市、镇、村共赢发展。同时，还鼓励集体经济将闲置资金投入保本型的理财产品，推动集体闲置资金从银行收息向多元化投资转变。2013 年以来，全市各村（社区）共投入 112 亿元进行信托理财、银行投资等理财项目。比如，全市有 12 个镇 83 个村（社区）累计投资 11.1 亿元参与东莞信托的“从莞高速”理财项目，实现投资收益 8400 多万元。

集体经济的转型发展，让集体资产不断升值，也让管理集体资产更具挑战。为此，东莞在全市范围内推行了村级预算制度，将集体资产收益有序地运用到村组运转中。到 2015 年 10 月，东莞村、组两级集体总资产已经达到 1406 亿元，约占全省同级资产的三分之一。农村集体经济的转型升级，不仅成为东莞产业转型升级的坚实后盾，也正是对党的十八大“增强农村发展活力，促进城乡共同繁荣”的最好回应。

农村集体经济的转型升级，不仅成为东莞产业转型升级的坚实后盾，也正是对党的十八大“增强农村发展活力，促进城乡共同繁荣”的最好回应。

逐步构建基层善治格局

由于水乡地区本就是高能耗、重污染企业的聚集地，加之村级的管理资金本就相当缺乏，环境卫生竟成了一个看似简单却无法解决的难题。但是当年令村民们怨声载道的麻二社区如今已是焕然一新。麻涌镇公用事业服务中心环卫股股长萧穗聪说，“之前村里日常开支都要精打细算，哪儿来的钱请环卫工？工资太低，本来就没几个人愿意干这活儿。”

2013 年起，东莞市从市镇参与税收分成中切块 5%，设立了农村基本公共事务补助专项资金，专门对村（社区）负担较重的环卫、治安、行政管理等重大公共开支补贴。2013 年到 2015 年的 3 年中分别补助 13.7 亿元、16.7 亿元和 18.3 亿元，累计达到 48.7 亿元。

同时，实施环卫管理统筹，以镇街为单位统筹村级环卫管理事务，逐步由市、镇两级承担村级环卫支出，由镇街统一采用市场化方式负责村级环卫保洁、垃圾收集工作，并统一将垃圾转运至无害化处理厂进行处理。

目前，415个村（社区）环卫管理事务由镇街统筹，环卫管理资金负担减轻60%以上，其中12个镇街的村（社区）环卫支出实现零负担。

此外，村民办事也越来越便捷了。随着“莞版30条”的推出，村民们已经可以在集党务服务、法律服务、社会事务、劳动社保、人口计生、文化教育等为一体的综合服务管理中心，通过其“直接办理”、“社区代办”、“巡回服务”、“网上办理”等服务模式，在村里一站式办理90多项业务，实现了“不出社区能办事，有没熟人都办成事”的目标。

最让大家称道的是东莞在全国率先开展的积分制探索，它让基层社会治理融入到老百姓日常生活中的点点滴滴，将党的十八大提出的“社会治理体系和治理能力现代化”接上了农村的地气。

第二届中国地方改革创新经验发布会举行

《中国青年报》 2015年12月16日 记者：雷宇

本报北京12月15日电（记者雷宇）为改革加油，为创新鼓劲。今天上午，“第二届中国地方改革创新经验发布会暨基层治理创新发展地方经验报告会”在京举行。广东省东莞市、四川省都江堰市、湖北省秭归县等三地农村改革试点经验成为中外媒体关注的焦点。

东莞市面对近年来经济、社会转型的双重压力，积极探索农村发展转型升级之道，在盘活资产中提升经济水平，在治理改善中促进社会转型全面突围，为中国经济找到了发掘“内生动力”的标本。都江堰市在统筹城乡发展的过程中，以农村环境整治为契机，探索出一条以院落为单元、“党引民治”的基层治理创新的新路子，催生了我国“农村产权制度改革第一村”。地处三峡工程坝上库首的秭归县通过划小村落范围，推选“二长八员”，激发群众自治的内在动力，破解了村民自治发展困局。

发布会主办方、华中师范大学中国农村研究院的执行院长邓大才教授表示，东莞等三地的改革为我国全局性的进一步深化改革与创新提供了实践参考，为治理决策提供了经验范本。

针对社会上有人感觉“基层改革似乎越来越少”的疑惑，中国政治学会副会长、教育部首批文科“长江学者”特聘教授徐勇回应，地方改革正凸显新动向，就是基于中央的顶层设计，不仅强调问题导向，而且在探寻基层治理规律，三地的改革就是最好的注解，更需要各方“为改革加油，为创新鼓劲”。

第二届地方改革创新成果新闻发布会在京召开

中国经济网　2015 年 12 月 16 日　记者:赵晶

中国经济网北京 12 月 16 日讯（记者赵晶）12 月 15 日上午，由华中师范大学中国农村研究院、教育部《高校智库专刊》社会发展编辑室、华中师范大学中国城市治理研究院联合创办的“第二届中国地方改革创新经验发布会暨基层治理创新发展地方经验报告会”（以下简称“经验发布会”）在北京成功召开。来自全国的地方治理改革创新的先行者、探索者以及六十余家国内外媒体参加了此次会议。

华中师范大学中国农村研究院执行院长邓大才教授代表会议主办方，作了地方改革创新实践总体情况汇报。首先，邓大才教授就经验发布会的评审标准与会议目标作了介绍。他指出此次经验发布会主要面向地方市、县级和市、县级以下政府单位及其组成部门，根据自愿性、无偿性、公正性原则，由专家评审委员会和筹备委员会两大机构评审、遴选出具有创新典型性和重要推广价值的地方改革实践进行重点挖掘并予以发布。会议主办方希望通过此次发布会来“牵线搭桥”，促进中央精神与地方探索的积极互动，推动创新实践的经验推广和理论提升，更好地展示中国特色社会主义实践成就，实现国家治理体系和治理能力现代化。其次，邓教授分别介绍了三地的改革实践活动及当前地方实践总体进展情况。他认为，广东省东莞市“激活内动力”对农村综合改革的有益探索、四川省都江堰市“党建引领，院落自治”的地方改革创新实践、湖北省秭归县“村落自治”探索村民自治有效实现形式，对党的十八届三中全会的战略部署作出的积极回应，并与十八届五中全会精神中的“坚持创新发展，必须把创新摆在国家发展全局的核心位置，不断推进理论创新、制度创新、科技创新、文化创新等各方面创新”遥相呼应，为我国全局性的进一步深化改革与创新提供了实践参考，为治理决策提供了经验范本，并对“十三五”时期的目标实现有一定的促进作用。

第二届地方改革创新成果新闻发布会在京召开

经济观察网　2015 年 12 月 15 日　记者:经济观察网

编者按：在党的十八届三中全会两周年及“十二五”规划收官之际，第二届“中国地方改革创新成果新闻发布会暨基层治理创新发展地方经验报告会”有效地回应了《全面深化改革若干重大问题的决定》的“六十条”战略性部署在地方的落实情况，解答了“推进国家治理体系和治理能力现代化”的目标在实践中的推进程度，契合了 2015 年中央“一号文件”中“探索不同情况下村民自治的有效实现形式”的要求，并与党的十八届五中全会精神中的“坚持创新发展，必须把创新摆在国家发展全局的核心位置，不断推进理论创新、制度创新、科技创新、文化创新等各方面创新”遥相呼应，引发了社会各界的广泛关注与探讨。

12 月 15 日上午，由华中师范大学中国农村研究院、教育部《高校智库专刊》社会发展编辑室、华中师范大学中国城市治理研究院联合创办的“第二届中国地方改革创新经验发布会暨基层治理创新发展地方经验报告会”（以下简称“经验发布会”）在北京成功召开。来自全国的地方治理改革创新的先行者、探索者以及六十余家国内外媒体参加了此次会议。

华中师范大学中国农村研究院执行院长邓大才教授代表会议主办方，作了地方改革创新实践总体情况汇报。首先，邓大才教授就经验发布会的评审标准与会议目标作了介绍。他指出此次经验发布会主要面向地方市、县级和市、县级以下政府单位及其组成部门，根据自愿性、无偿性、公正性原则，由专家评审委员会和筹备委员会两大机构评审、遴选出具有创新典型性和重要推广价值的地方改革实践进行重点挖掘并予以发布。会议主办方希望通过此次发布会来“牵线搭桥”，促进中央精神与地方探索的积极互动，推动创新实践的经验推广和理论提升，更好地展示中国特色社会主义实践成就，实现国家治理体系和治理能力现代化。其次，邓教授分别介绍了三地的改革实践活动及当前地方实践总体进展情况。他认为，广东省东莞市“激活内动力”对农村综合改革的有益探索、四川省都江堰市“党建引领，院落自治”的地方改革创新实践、湖北省秭归县“村落自治”探索村民自治有效实现形式，对党的十八届三中全会的战略部署作出的积极回应，并与党的十八届五中全会精神中的“坚持创新发展，必须把创新摆在国家发展全局的核心位置，不断推进理论创新、制度创新、科技创新、文化创新等各方面创新”遥相呼应，为我国全局性的进一步深化改革与创新提供了实践参考，为治理决策提供了经验范本，并对“十三五”时期的目标实现有一定的促进作用。

接下来，来自广东省东莞市、四川省都江堰市以及湖北省秭归县的地方改革代表分别作了经验分享与成果汇报。

“激活内动力”：新时期农村综合改革的“东莞突围”

面对经济和社会转型的双重压力，东莞市以农村综合改革为契机，积极探索农村发展转型升级之道，以“激活内动力”为核心，即以经济转型、服务完善、治理升级为三大动力，通过“统筹、分治、合作”三步走，实现经济和社会协同发展，在盘活资产中提升经济水平，在治理改善中促进社会转型，多管齐下、全面突围。其主要特点是：第一，以激活“内动力”寻求经济可持续发展，主要途径是拓展多元化渠道，探索统筹化开发，促进规范化经营；第二，以健全服务促进城乡统筹发展，包括通过政府统筹促进公共服务均衡化，通过简政强镇推动行政服务高效化，通过放权市场主体推动社会服务常态化；第三，以创新治理推动社会稳定发展，主要包括健全组织载体（党组织、自治组织、社会组织）建立机制保障（参与机制、激励机制、监督机制）和搭建平台基础（协商平台、综合服务中心、政务服务平台）。东莞立足农村发展的内在动力，通过内生外动的改革实践，探索了一条农村综合改革的有效途径，推动了东莞城乡发展一体化的实现，为全国的农村改革提供了可靠经验。总体而言，东莞市的创新是对党的十八届三中全会提出的“赋予农民更多财产权利”“完善城镇化健康发展体制机制”“改进社会治理方式”和“激发社会组织活力”要求的回应，并与党的十八届五中全会中的“培育发展新动力，优化劳动力、资本、土地、技术、管理等要素配置，激发创新创业活力，推动大众创业、万众创新，释放新需求，创造新供给，推动新技术、新产业、新业态蓬勃发展”高度契合，最终实现了新时期农村综合改革的“东莞突围”。

“党建引领，院落自治”：打造基层善治的“都江堰样本”

都江堰在统筹城乡发展过程中，基层面临着“上面管不着、下面难自治、服务难到位”的困境。为此，都江堰以“美丽我院、美丽我家”环境整治为契机，探索出一条以院落为单元，党引民治的基层治理创新的新路子。其主要做法是：坚持深化“一核多元、合作共治”基层治理机制，积极探索以融入式党建为治理牵引，以院落（小区）基本单元为治理依托，以培育多元社会组织为治理支撑，以院落环境整治和城乡物业管理全覆盖为治理载体的“党组织领导、村（居）委会管理、群众主体、多元支撑、依法治理”基层治理体系和治理能力现代化的新路子，找到了以适度规模的院落（小区）作为公共服务、群众自治、社会组织协同参与、有机融合和有效落地的基本单元和互动平台，完善了“院落—小组”功能互补、“社区—小区—楼栋”三级互动和“乡镇（街道）—村（居）”有机协同的基层治理体系，弥补了城乡治理缺失的最基础环节，畅通了服务群众“最后一公里”和群众自治“最先一公里”，初步形成了党建引领、多元共治的基层善治新格局。都江堰的改革实践对《改革决定》“激发社会组织活力”和“改进社会治理方式”的具体要求作出了积极探索，打造了当前基层善治的“都江堰样本”。

“二长八员，村落自治”：村民自治有效实现形式的“秭归探索”

地处三峡工程坝上库首的秭归，是集老、少、边、穷、库、坝区于一体的山区农业大县，在基层治理中面临着诸如“村服务半径过大，公共服务难落地”“行政村事务繁重，干部较少难承担”“行政村利益多元，集体行动难实现”等困境。

该县改变治理思路，创新治理方式，通过划小村落范围，推选“二长八员”，借此激发群众自治的内在动力，破解了当前的村民自治发展困局。其主要做法是：以村落为单元，以村落理事会为平台，以“二长八员”为桩脚，探索出了一种“双线运行，三级架构”的基层治理新格局，形成了“自治主体有激活，自治能力有提升，自治体系有完善”的良好局面。秭归的改革是对《改革决定》中“改进社会治理方式”和2015年中央“一号文件”“探索不同情况下村民自治的有效实现形式”等文件精神的创新实践，探索出了村民自治有效实现形式的“秭归模式”。

据悉，本次经验发布会是在2014年首届发布会成功举办的基础上所进行的进一步推广提升，并将形成年度性新闻发布模式。通过召开高水平新闻发布会的方式，广泛邀请海内外知名广播电视媒体、平面媒体、互联网媒体，对各地经济、政治、社会、文化、生态等领域的体制改革及实践创新进行全方位、立体式的宣传报道，以促进地方改革创新经验的宣传推广与理论提升，展示中国特色社会主义实践成就，并以期为“十三五”时期的改革提供一定的地方经验。

第二届地方改革创新成果新闻发布会暨基层治理创新发展地方经验报告会在京召开

民主与法制网　2015年12月17日　记者:李苏洋

本网讯（李苏洋）11月15日上午，由华中师范大学中国农村研究院、教育部《高校智库专刊》社会发展编辑室、华中师范大学中国城市治理研究院联合举办的“第二届中国地方改革创新经验发布会暨基层治理创新发展地方经验报告会”（以下简称“经验发布会”）在北京成功召开。来自全国的地方治理改革创新的先行者、探索者，以及中央电视台、中央人民广播电台、《人民日报》、民主与法制社等六十余家国内主流媒体参加了此次会议。

会上，华中师范大学中国农村研究院执行院长邓大才教授代表会议主办方，针对地方改革创新实践总体情况作了汇报。邓大才教授首先就经验发布会的评审标准与会议目标作了详尽介绍。他指出，此次经验发布会主要面向地方市、县级和市县、级以下政府单位及其组成部门，根据自愿性、无偿性、公正性原则，由专家评审委员会和筹备委员会两大机构评审、遴选出具有创新典型性和重要推广价值的地方改革实践进行重点挖掘并予以发布。会议主办方希望通过此次发布会来“牵线搭桥”，促进中央精神与地方探索的积极互动，推动创新实践的经验推广和理论提升，更好地展示中国特色社会主义实践成就，实现国家治理体系和治理能力现代化。随后，邓大才教授分别介绍了广东东莞、四川都江堰、湖北秭归三地的改革实践活动及当前地方实践总体进展情况。他认为，广东省东莞市“激活内动力”对农村综合改革的有益探索、四川省都江堰市“党建引领，院落自治”的地方改革创新实践、湖北省秭归县“村落自治”探索村民自治有效实现形式，对党的十八届三中全会的战略部署作出的积极回应，并与党的十八届五中全会精神中的“坚持创新发展，必须把创新摆在国家发展全局的核心位置，不断推进理论创新、制度创新、科技创新、文化创新等各方面创新”遥相呼应，为我国全局性的进一步深化改革与创新提供了实践参考，为治理决策提供了经验范本，并对“十三五”时期的目标实现有一定的促进作用。

来自广东省东莞市、四川省都江堰市以及湖北省秭归县的地方改革代表，分别在会上作了经验分享与成果汇报。

“激活内动力”：新时期农村综合改革的“东莞突围”

面对经济和社会转型的双重压力，东莞市以农村综合改革为契机，积极探索农村发展转型升级之道，以“激活内动力”为核心，即以经济转型、服务完善、治理升级为三大动力，通过“统筹、分治、合作”三步走，实现经济和社会协同发展，在盘活资产中提升经济水平，在治理改善中促进社会转型，多管齐下、全面突围。其主要特点是：第一，以激活“内动力”寻求经济可持续发展，主要途径是拓展多元化渠道，探索统筹化开发，促进规范化经营；第二，以健全服务促进城乡统筹发展，包括通过政府统筹促进公共服务均衡化，通过简政强镇推动行政服务高效化，通过放权市场主体推动社会服务常态化；第三，以创新治理推动社会稳定发展，主要包括健全组织载体（党组织、自治组织、社会组织）建立机制保障（参与机制、激励机制、监督机制）和搭建平台基础（协商平台、综合服务中心、政务服务平台）。

东莞立足农村发展的内在动力，通过内生外动的改革实践，探索了一条农村综合改革的有效途径，推动了东莞城乡发展一体化的实现，为全国的农村改革提供了可靠经验。经过几年来的努力，东莞以激活内动力为核心的农村综合改革取得了明显成效。一是农村发展活力显著增强。农村集体纯收入近 3 年均保持双位数增长，2014 年突破百亿元大关；2015 年 10 月全市村组两级集体总资产达到 1406 亿元，约占全省同级资产的三分之一。二是农村基层负担有效减轻。村一级的治安、环卫、公共管理等重大公共事务经费支出大幅减少，会议、接待等费用明显压缩，2015 年 10 月底集体资产负债率下降到历史同期最低点。三是农民收入实现稳步增长。2014 年农村常住居民人均可支配收入为 22327 元，名列全省各市第一。城乡居民收入差距由 2012 年的 1.72∶1 缩小至 2014 年的 1.65∶1，远低于全国、全省平均水平。四是基层治理难题得到有效破解。党委领导、政府负责、社会协同、公众参与、法治保障的基层治理格局日趋完善，推动了农村社会和谐稳定。在 2014 年大幅下降的基础上，2015 年前三季度因村务管理问题上访批次、人数同比再分别减少 38% 和 49%。五是社会正能量得到广泛传播。推行家居美德和文明行为积分等，鼓励群众做好人、做善事，涌现出 713 名“东莞好人”和一大批社区好人，逐步形成“好人接力”“好人森林”的生动局面。

东莞市的创新是对党的十八届三中全会提出的“赋予农民更多财产权利”“完善城镇化健康发展体制机制”“改进社会治理方式”和“激发社会组织活力”要求的回应，并与十八届五中全会中的“培育发展新动力，优化劳动力、资本、土地、技术、管理等要素配置，激发创新创业活力，推动大众创业、万众创新，释放新需求，创造新供给，推动新技术、新产业、新业态蓬勃发展”高度契合，最终实现了新时期农村综合改革的“东莞突围”。

“党建引领，院落自治”：打造基层善治的“都江堰样本”

都江堰在统筹城乡发展过程中，基层面临着“上面管不着、下面难自治、服务难到位”的困境。为此，都江堰以“美丽我院、美丽我家”环境整治为契机，探索出一条以院落为单元，党引民治的基层治理创新的新路子。其主要做法是：坚持深化“一核多元、合作共治”基层治理机制，积极探索以融入式党建为治理牵引，以院落（小区）基本单元为治理依托，以培育多元社会组织为治理支撑，以院落环境整治和城乡物业管理全覆盖为治理载体的“党组织领导、村（居）委会管理、群众主体、多元支撑、依法治理”基层治理体系和治理能力现代化的新路子，找到了以适度规模的院落（小区）作为公共服务、群众自治、社会组织协同参与、有机融合和有效落地的基本单元和互动平台，完善了“院落—小组”功能互补、“社区—小区—楼栋”三级互动和“乡镇（街道）—村（居）”有机协同的基层治理体系，弥补了城乡治理缺失的最基础环节，畅通了服务群众“最后一公里”和群众自治“最先一公里”，初步形成了党建引领、多元共治的基层善治新格局。

为充分利用各类社会组织共同推进治理能力和治理体系现代化，都江堰市大力孵化和培育社区社会组织，尤其是根植于基层社区、院落（小区）的草根社会组织。目前，该市各类社会组织已累计达800余家，其中乡镇备案类社区（院落）草根社会组织达350余家。通过组织带动群众进行自我管理、自我教育、自我服务和自我监督，弥补政府能力有限、群众参与缺失的不足，实现了从“一元治理”到“多元共治”的成功转变。都江堰的改革实践对《改革决定》“激发社会组织活力”和“改进社会治理方式”的具体要求作出了积极探索，打造了当前基层善治的“都江堰样本”。

“二长八员，村落自治”：村民自治有效实现形式的“秭归探索”

地处三峡工程坝上库首的秭归，是集老、少、边、穷、库、坝区于一体的山区农业大县，在基层治理中面临着诸如“村服务半径过大，公共服务难落地”“行政村事务繁重，干部较少难承担”

“行政村利益多元，集体行动难实现”等困境。

秭归县改变治理思路，创新治理方式，通过划小村落范围，推选“二长八员”，借此激发群众自治的内在动力，破解了当前的村民自治发展困局。其主要做法是：以村落为单元，以村落理事会为平台，以“二长八员”为桩脚，探索出了一种“双线运行，三级架构”的基层治理新格局，形成了“自治主体有激活，自治能力有提升，自治体系有完善”的良好局面。

通过开展“幸福村落”创建，村落群众主体意识增强，发展生产的热情高涨，许多村落在理事长的带领下，成功开展了多项公益活动，过去议不成的事现在议得成了，过去办不了的事现在可以办了，一些理事长的威信逐步提高，给现任村干部造成一定压力，逼着村干部主动转变工作作风。秭归的改革是对《改革决定》中“改进社会治理方式”和2015年中央“一号文件”“探索不同情况下村民自治的有效实现形式”等文件精神的创新实践，探索出了村民自治有效实现形式的“秭归模式”。

在党的十八届三中全会两周年及“十二五”规划收官之际，本次经验发布会有效地回应了《全面深化改革若干重大问题的决定》的“六十条”战略性部署在地方的落实情况，解答了“推进国家治理体系和治理能力现代化”的目标在实践中的推进程度，契合了2015年中央“一号文件”中“探索不同情况下村民自治的有效实现形式”的要求，并与十八届五中全会精神中的“坚持创新发展，必须把创新摆在国家发展全局的核心位置，不断推进理论创新、制度创新、科技创新、文化创新等各方面创新”相呼应，引发了社会各界的广泛关注与探讨。

据悉，本次中国地方改革创新经验发布会，是在2014年首届发布会成功举办的基础上，所进行的进一步推广提升，并将形成年度性新闻发布模式。通过召开高水平新闻发布会的方式，广泛邀请海内外知名广播电视媒体、平面媒体以及互联网媒体，对各地经济、政治、社会、文化、生态等领域的体制改革及实践创新进行全方位、立体式的宣传报道，以促进地方改革创新经验的宣传推广与理论提升，展示中国特色社会主义实践成就，并以期为“十三五”时期的改革提供一定的地方经验。

政府治理创新推出“地方样本”

《中国国土资源报》 2015年12月17日 记者:乔思

12月15日，由华中师范大学中国农村研究院在京举行第二届中国地方改革创新经验发布会，重点展示一批地方改革创新典型案例，为其他地区提供参考样本。广东省东莞市“激活内动力”对农村综合改革的探索、四川省都江堰市“党建引领，院落自治”的改革实践、湖北省秭归县“村落自治”探索村民自治有效实现形式等入选此次展示活动，土地红利释放、城乡一体化、基层群众自治等内容引起与会者关注。

东莞市委、都江堰市委、秭归县委有关负责人介绍了有关经验成果。以东莞为例，当地农村综合改革聚焦激活“内动力”，其中，优化产权管理体制、赋予农民更多集体财产权益方面的探索成效显著。东莞市采取“直接确地”和“确股确地”让农村土地产权更加明晰，以创建全国城乡土地生态综合利用试点城市为契机，通过置换、回购、转让、整体包租、合作入股等方式，整合形成连片建设用地，并通过“三旧”改造等政策，鼓励农村集体自主引进上规模的优质项目。截至2015年10月，东莞成功开展集体资产交易项目2.3万宗，成交额达294亿元，为集体带来直接经济效益24.4亿元。另外，都江堰市以环境整治为契机，探索出一条以院落为单元、党“引”民“治”的基层治理创新的新路子，以院落环境整治和城乡物业管理全覆盖为治理载体，实行党组织领导、村（居）委会管理、群众主体，多元支撑，依法治理。秭归通过划小村落范围，以村落理事会为平台，激发群众自治的内在动力，破解农村发展困局。

华中师范大学中国农村研究院院长徐勇认为，3个市县各具特色的创新探索，是对中央提出的“赋予农民更多财产权利”、“完善城镇化健康发展体制机制”、“改进社会治理方式”、“探索不同情况下村民自治的有效实现形式”等精神的实践，为农村改革提供了可靠经验，对推进地方善治具有借鉴意义。

学者评点地方治理样本　第三方视角推基层改革

中国新闻网　2015年12月15日　记者：马海燕

中新网北京12月15日电（记者马海燕）第二届中国地方改革创新经验发布会今日在北京举行。激活内动力走出困境的东莞，党引民治的都江堰，村落自治有效实现的秭归被作为基层治理创新样本推荐给学界。

华中师范大学中国农村研究院执行院长邓大才表示，这三家都是国家的改革实验区，都是国家改革的排头兵。东莞是寻找内动力的标本，都江堰是农村城市化的范本，秭归县是贫苦地区自治创新的样本。他们的探索和创新具有代表性，值得具有相似情况的地方学习。

邓大才说，尊重和鼓励地方改革创新是全面深化改革的重要动力，地方也有不竭改革动力，这个改革必须以利益作为纽带。不管是东莞的产权，还是都江堰的院落治理，以及秭归的村落自治，都是靠利益来联动的，所以说抓基层改革关键是要抓利益纽带，抓利益切入点。

邓大才表示，虽然是地方样本，但是具有可学性、可复制、可推广的价值，这也是他们致力于地方改革研究推广的原因。

本次发布会由华中师范大学中国农村研究院、教育部《高校智库专刊》社会发展编辑室、华中师范大学中国城市治理研究院联合主办，旨在征集并发布涉及各地经济、政治、社会、文化、生态等领域的体制改革及实践创新，以此探索不同情况下村民自治的有效实现形式，促进中国地方的改革和发展。主办方强调活动的公益性、学术性和非营利性，不向任何单位收取任何申请、评审费用。

东莞都江堰秭归基层治理创新成果在京发布

光明网—理论频道 2015 年 12 月 16 日 记者:光明网

光明网讯 12 月 15 日，由华中师范大学中国农村研究院、华中师范大学中国城市治理研究院、教育部《高校智库专刊》社会发展编辑室联合举办的“第二届中国地方改革创新成果发布会暨基层治理创新发展地方经验报告会”（以下简称“经验发布会”）在京召开。会上，广东东莞市就深化农村综合改革、四川都江堰市围绕以党建引领基层治理、湖北秭归县就推选“二长八员”落实村民自治进行了分享。华中师范大学中国农村研究院院长、“长江学者”徐勇教授认为，三地基层治理的探索，是以“先行一公里”的精神破解“最后一公里”的问题，是中央顶层设计与地方主观能动的结晶，具有可复制、可推广的价值。

华中师范大学中国农村研究院执行院长邓大才教授，首先介绍了经验发布会的评审标准与会议目标。他指出，中国地方改革创新经验发布会，主要面向地方市、县级和市县级以下政府单位及其组成部门，根据自愿性、无偿性、公正性原则，由专家评审委员会和筹备委员会评审、遴选出具有创新典型性和重要推广价值的地方改革实践进行重点挖掘并予以发布。会议主办方希望借此促进中央精神与地方探索的积极互动，助力国家治理体系和治理能力现代化。来自三地的地方改革代表分享了本市县的探索经验。

“激活内动力”：农村综合改革的“东莞突围”

东莞市委农办主任、农业局局长张永忠介绍，面对经济和社会转型的双重压力，东莞市以农村综合改革为契机，以“激活内动力”为核心，即以经济转型、服务完善、治理升级为三大动力，通过“统筹、分治、合作”，实现经济和社会协同发展，在盘活农村集体资产中提升经济水平，在治理改善中促进社会转型。

张永忠指出，东莞市的主要做法如下：一是以统筹城乡规划激活内动力，推动农村社会形态向城市社会形态转变；二是以优化产权制度激活内动力，促使沉睡农村资产向增量资产转变，推动农村产权管理进入“互联网+”时代；三是以加快创新驱动激活内动力，推动粗放型经济向创新型经济转变，促进发展方式集约化、物业经济优质化、投资方式多元化；四是以创新社会治理激活内动力，推动农村管理体制向城市管理体制转变；五是以统筹城乡公共服务激活内动力，推动传统农民向现代市民转变。

与会学者认为，东莞通过内生外动的改革实践，探索了一条农村综合改革的有效途径，推动了东莞城乡发展一体化。总体而言，东莞市的创新是对党的十八届三中全会提出的“赋予农民更多财产权利”“改进社会治理方式”和“激发社会组织活力”要求的回应，并与党的十八届五中全会中的“培育发展新动力，优化劳动力、资本、土地、技术、管理等要素配置，激发创新创业活力，推动大众创业、万众创新”高度契合，实现了新时期农村综合改革的“东莞突围”。

与会学者纷纷表示，三地的基层治理探索，是对党的十八大以来系列全会倡导的改革创新精神的呼应和具体化。它们又一次以事实雄辩地证明，地方有不竭的改革动力，尊重和鼓励地方改革创新，是全面深化改革的重要原动力。

第二届地方改革创新成果在京发布

中国质量新闻网　2015年12月18日　记者：徐建华

本报讯（记者徐建华）12月15日，由华中师范大学中国农村研究院、教育部《高校智库专刊》社会发展编辑室、华中师范大学中国城市治理研究院联合举办的第2届中国地方改革创新经验发布会暨基层治理创新发展地方经验报告会在京举行，第2届中国地方改革创新也一同发布。广东东莞市“激活内动力”对农村综合改革的有益探索、四川都江堰市“党建引领、院落自治”的地方改革创新实践、湖北省秭归县“村落自治”探索村民自治有效实现形式3项成为本次发布的地方改革创新成果经验，3地代表分别作了经验分享与成果汇报。

华中师范大学中国农村研究院执行院长邓大才教授指出，此次经验发布会主要面向地方市、县级及以下政府单位和组成部门，根据自愿性、无偿性、公正性原则，由专家评审委员会和筹备委员会两大机构评审、遴选出具有创新典型性和重要推广价值的地方改革实践进行重点挖掘并予以发布。三地的改革创新对党的十八届三中全会的战略部署作出的积极回应，并与十八届五中全会精神相呼应，为我国全局性的进一步深化改革与创新提供了实践参考，为治理决策提供了经验范本，并对“十三五”时期的目标实现有一定的促进作用。

第二届中国地方改革创新经验发布会在京举行 东莞农村综合改革进京传经验

《羊城晚报》 2015年12月16日 记者:王莉

《羊城晚报》讯记者王莉报道：15日，“第二届中国地方改革创新经验发布会暨基层治理创新发展地方经验报告会”在京召开，东莞带去了农村综合改革和基层治理创新的经验报告。

据悉，东莞目前共建立了镇级农村集体资产交易平台32个和村级交易点372个，到2015年10月，成功开展集体资产交易项目23267宗，成交额达294亿元，为集体带来直接经济效益24.4亿元。此外，通过建立覆盖市、镇、村、组四级的“三资”（资金、资产、资源）监管平台，将全市近3100个农村集体经济组织的资产、合同、账目、票据等全部纳入平台监管，进行实时监控。

在基层治理上，从推行村级预算制度、农村基本公共事务补助专项资金、“一站式”综合服务管理中心来统筹农村社会治理，并取得了良好成效。数据显示，东莞农村集体纯收入近三年保持两位数增长，2014 年突破百亿元大关，农村常住居民人均可支配收入达到 22327 元，名列全省第一。村一级的治安、环卫、公共管理等重大公共事务经费支出大幅减少，会议、接待等费用明显压缩。2015 年 10 月，集体资产负债率下降到历史同期的最低点。

东莞，集体资产向何处去

环球人物网 2015 年 12 月 18 日 记者：环球人物网

2015 年 12 月 15 日上午，由华中师范大学中国农村研究院等单位联合创办的“第二届中国地方改革创新经验发布会暨基层治理创新发展地方经验报告会”（以下简称“经验发布会”）在北京召开。来自全国的地方治理改革创新的先行者、探索者以及六十余家国内外媒体参加了此次会议。

会议分别分享了广东省东莞市“激活内动力”对农村综合改革的有益探索、四川省都江堰市“党建引领，院落自治”的地方改革创新实践、湖北省秭归县“村落自治”探索村民自治有效实现形式。华中师范大学中国农村研究院执行院长邓大才教授认为，这为我国全局性的进一步深化改革与创新提供了实践参考，为治理决策提供了经验范本。

“东莞突围”，两个平台让集体资产保值增值

事实上东莞的农村在整个东莞的经济发展当中是占了举足轻重的地位，改革开放后东莞大兴招商引资，目前东莞 2/3 以上的人口、2/3 以上的企业，2/3 以上的工业产值都在农村，所以东莞的行政架构和人口结构非常的特殊，原来农村那一套的管理体制发展

后劲衰弱。

为了推动城市资产向增量资产转变，东莞建成资产管理的两个平台，一是覆盖所有政村的集体交易的平台；二是覆盖市镇村组四级的监管平台，把东莞全市3000多个农村集体经济组织全部纳入全程的监控，对股东分红接待费用等等这些项目进行实时监控。

此外，东莞全面推行村级预算的制度，对集体经济各项经营收指管理费用收益分配都纳入预算，进行审核和核算。东莞1400亿元农村集体资产，平均每个村是2.5个亿，面对这些集体资产有两个任务，第一个是保值增值；第二个是监管规范。

本次经验发布会是在2014年首届发布会成功举办的基础上所进行的进一步推广提升，并将形成年度性新闻发布模式。通过召开高水平新闻发布会的方式，以促进地方改革创新经验的宣传推广与理论提升，展示中国特色社会主义实践成就，并以期为“十三五”时期的改革提供一定的地方经验。

第二届地方改革创新成果新闻发布会暨基层治理创新发展地方经验报告会在京召开

中国报道　2015年12月15日　记者:中国报道

在党的十八届三中全会两周年及“十二五”规划收官之际，第二届“中国地方改革创新成果新闻发布会暨基层治理创新发展地方经验报告会”有效地回应了《全面深化改革若干重大问题的决定》的“六十条”战略性部署在地方的落实情况，解答了“推进国家治理体系和治理能力现代化”的目标在实践中的推进程度，契合了2015年中央“一号文件”中“探索不同情况下村民自治的有效实现形式”的要求，并与党的十八届五中全会精神中的“坚持创新发展，必须把创新摆在国家发展全局的核心位置，不断推进理论创新、制度创新、科技创新、文化创新等各方面创新”遥相呼应，引发了社会各界的广泛关注与探讨。

12月15日上午，由华中师范大学中国农村研究院、教育部《高校智库专刊》社会发展编辑室、华中师范大学中国城市治理研究院联合创办的“第二届中国地方改革创新经验发布会暨基层治理创新发展地方经验报告会”（以下简称“经验发布会”）在北京成功召开。来自全国的地方治理改革创新的先行者、探索者以及六十余家国内外媒体参加了此次会议。

华中师范大学中国农村研究院执行院长邓大才教授代表会议主办方，作了地方改革创新实践总体情况汇报。首先，邓大才教授就经验发布会的评审标准与会议目标作了介绍。他指出此次经验发布会主要面向地方市、县级和市县级以下政府单位及其组成部门，根据自愿性、无偿性、公正性原则，由专家评审委员会和筹备委员会两大机构评审、遴选出具有创新典型性和重要推广价值的地方改革实践进行重点挖掘并予以发布。会议主办方希望通过此次发布会来“牵线搭桥”，促进中央精神与地方探索的积极互动，推动创新实践的经验推广和理论提升，更好地展示中国特色社会主义实践成就，实现国家治理体系和治理能力现代化。其次，邓教授分别介绍了三地的改革实践活动及当前地方实践总体进展情况。他认为，广东省东莞市“激活内动力”对农村综合改革的有益探索、四川省都江堰市“党建引领，院落自治”的地方改革创新实践、湖北省秭归县“村落自治”探索村民自治有效实现形式，对十八届三中全会的战略部署作出的积极回应，并与十八届五中全会精神中的“坚持创新发展，必须把创新摆在国家发展全局的核心位置，不断推进理论创新、制度创新、科技创新、文化创新等各方面创新”遥相呼应，为我国全局性的进一步深化改革与创新提供了实践参考，为治理决策提供了经验范本，并对“十三五”时期的目标实现有一定的促进作用。

接下来，来自广东省东莞市、四川省都江堰市以及湖北省秭归县的地方改革代表分别作了经验分享与成果汇报。

“激活内动力”：新时期农村综合改革的“东莞突围”

面对经济和社会转型的双重压力，东莞市以农村综合改革为契机，积极探索农村发展转型升级之道，以“激活内动力”为核心，即以经济转型、服务完善、治理升级为三大动力，通过“统筹、分治、合作”三步走，实现经济和社会协同发展，在盘活资产中提升经济水平，在治理改善中促进社会转型，多管齐下、全面突围。其主要特点是：第一，以激活“内动力”寻求经济可持续发展，主要途径是拓展多元化渠道，探索统筹化开发，促进规范化经营；第二，以健全服务促进城乡统筹发展，包括通过政府统筹促进公共服务均衡化，通过简政强镇推动行政服务高效化，通过放权市场主体推动社会服务常态化；第三，以创新治理推动社会稳定发展，主要包括健全组织载体（党组织、自治组织、社会组织）建立机制保障（参与机制、激励机制、监督机制）和搭建平台基础（协商平台、综合服务中心、政务服务平台）。东莞立足农村发展的内在动力，通过内生外动的改革实践，探索了一条农村综合改革的有效途径，推动了东莞城乡发展一体化的实现，为全国的农村改革提供了可靠经验。总体而言，东莞市的创新是对十八届三中全会提出的“赋予农民更多财产权利”“完善城镇化健康发展体制机制”“改进社会治理方式”和“激发社会组织活力”要求的回应，并与十八届五中全会中的“培育发展新动力，优化劳动力、资本、土地、技术、管理等要素配置，激发创新创业活力，推动大众创业、万众创新，释放新需求，创造新供给，推动新技术、新产业、新业态蓬勃发展”高度契合，最终实现了新时期农村综合改革的“东莞突围”。

据悉，本次中国地方改革创新经验发布会是在2014年首届发布会成功举办的基础上所进行的进一步推广提升，并将形成年度性新闻发布模式。通过召开高水平新闻发布会的方式，广泛邀请海内外知名广播电视媒体、平面媒体、互联网媒体，对各地经济、政治、社会、文化、生态等领域的体制改革及实践创新进行全方位、立体式的宣传报道，以促进地方改革创新经验的宣传推广与理论提升，展示中国特色社会主义实践成就，并以期为“十三五”时期的改革提供一定的地方经验。

激活内动力　东莞农村改革风生水起

《中国改革报》 2015 年 12 月 20 日　记者：王淼

12 月 15 日上午，第二届地方改革创新成果新闻发布会暨基层治理创新发展地方经验报告会在北京召开，华中师范大学中国农村研究院教授邓大才、广东省东莞市农业局局长张永忠等介绍了东莞市农村综合改革的有关情况。作为国务院农村综合改革工作小组批准的创建全国农村综合改革示范试点市，东莞市以激活农村经济社会发展内动力为主线，从产权管理、转型发展、社会治理、公共服务等方面入手，走出了一条独具特色的农村转型发展之路。

邓大才评价说，东莞地方改革具有标本性意义：其一，通过“大众创业、万众创新”向中国经济展示了发展内力的标本；其二，找到了集体经济的有效实现形式，即股份制和股份流动，明晰产权，这是东莞经济独有的创新；其三，以改革促治理，改革治理联动，网状治理模式具有示范意义。

优化农村产权管理

万树芬是虎门镇镇口社区的党工委书记，只要一有空，他就要去运河边农贸市场。以前，东莞集体资产零散化的交易方式让运河边农贸市场的经济效益非常低下，为了让村民的集体资产保值增值，万树芬不得不提高租金，却不料被村民一纸匿名信告到了镇里，说他暗箱操作。正当焦头烂额之时，虎门集体资产交易平台启动试运行。从台账动态管理、交易信息发布、交易活动组织到经济合同鉴证、管理交易档案等工作，全部都由集体资产交易管理中心负责落实，并且对村民完全公开。农贸市场的招租在集体资产交易平台以每年549万元的租金成交，比2014年的承包价格高出了200多万元。“从来不知道我们的土地能有这么大的价值。”村民们的喜悦之情溢于言表。

这是东莞市优化农村产权管理的一个例子。据张永忠介绍，盘活集体资产是农村改革的基础，东莞采取“直接确地”和“确股确地”，让农村土地的产权更加明晰，让农民在农村的“死资产”变为“活资本”。东莞市全面建成农村集体资产管理“两个平台”，建成32个镇级集体资产交易平台和372个村级交易点，实现了集体资产上平台交易“全覆盖”，累计为集体增加直接收益24亿元，取得了巨大的经济效益和社会效益；建成覆盖市、镇、村、组四级的“三资”监管平台，全市近3100个农村集体经济组织全部纳入平台实时全程监控。

在此基础上，东莞开创集体资产网上交易模式，推行网上竞价、网上拍卖，农村产权管理进入“互联网+”时代。

此外，东莞全面推行村级预算制度。集体经济组织各项经营收支、管理费用、收益分配、重大项目等纳入预算范围，建立村组债务“下审一级”制度。

“东莞市资产占到广东省的1/4—1/3，要唤醒、搞活庞大的集体资产，首先就要实施产权改革，进行新的制度安排。东莞建立了产权交易平台，推行村级预算制度，进行了有益的探索。”邓大才如此评价。

推动产业转型升级

翟建华是南城街道周溪社区副书记，土生土长的东莞人。走在高盛科技园，看着整洁有序的园区环境和穿梭于其中的白领们，他的心中感慨万千。

2010年以前，这块土地上还是三家劳动密集型工厂，租金低不说，还到处堆放着工业垃圾。后来，东莞经济转型，出台了镇村招商引资、“三旧”改造等政策，对“工改工”、创新型经济等产业升级项目进行补贴。

借此机会，翟建华尝试经营高科技产业园区。如今，高盛科技园已经成为“国家级科技企业孵化器”，吸引了437家高新科技企业进驻，改造后园区企业总产值从每年3000多万元提升到每年10亿元，物业租金翻了五六倍。

而高盛科技园由低层次物业出租向高级物业经济的转变，只是东莞农村集体经济转型升级的一个小小的例子。据张永忠介绍，东莞立足大平台、高层次、多元化，正在全面推动农村经济转型升级。

一是注重大平台带动，促进发展方式集约化。推行“市、镇主导开发，市、镇、村三级分利”发展模式，发挥水乡特色发展经济区、粤海产业园等重大项目、重大产业集聚区的带动作用，引导村（社区）以土地、资金等形式入股市、镇大型基础设施建设、园区开发、“三旧”改造项目。2013年以来，全市各村（社区）共投资109亿元，参与投资厂房、商铺及其他企业项目近4000宗。

二是注重高层次引导，促进物业经济优质化。设立镇村产业升级奖补资金，鼓励集体引进上规模的优质项目，加快培育发展高端物业。

三是注重多渠道发展，促进投资方式多元化。鼓励集体经济组织将闲置资金投入保本型的理财产品和收益稳定、风险较小的股权型项目，支持市级投融资平台选择稳定、收益良好的优质项目，面对集体经济融资。2013年以来，全市各村（社区）共投入112亿元进行信托理财、银行投资等理财项目。

在资产保值增值方面，张永忠表示，下一步，东莞将探索引导农村集体资产与一些国企、金融企业合作，并为之搭建平台。

构建基层善治格局

萧穗聪是麻涌镇公用事业服务中心环卫股股长，看着焕然一新的村居街道，他无法想象这里曾是村民们怨声载道的麻二社区。过去，麻二社区的村民们隔三岔五就要投诉村里的环境“脏乱差”。2013年起，东莞市从市镇参与税收分成中切块5%，设立了农村基本公共事务补助专项资金，由镇街统一采用市场化方式负责村级环卫保洁、垃圾收集工作，并统一将垃圾转运至无害化处理厂进行处理。这样一来，村街道变得整洁干净了。

张永忠表示，东莞大力构建农村基层善治格局，发挥工、青、妇组织协同参与基层社会治理的作用。东莞已实现综合服务“一站式”，试行“直接办理”“社区代办”“巡回服务”“网上办理”等服务模式，群众不出社区就能办理90多项业务，实现了“不出社区能办事，有无熟人办成事”的目标。此外，实施“一事一议一自治”的服务机制，通过点菜式、项目式服务，解决了一批与群众生活息息相关的问题。

据介绍，基层善治格局的一个特色是建立领导干部直接联系服务群众机制，发挥楼长、栋长、中心户长在征集民意、化解纠纷等方面的作用；另一个特色是培育和调动社会力量参与基层社会治理，全市社区社会组织达2362个，社工机构30多家，持证社工4898人。“东莞在全国率先开展积分制探索，让基层社会治理融入老百姓日常生活中，将党的十八大提出的‘社会治理体系和治理能力现代化’接上了农村的地气。”张永忠如是说。

在公共服务方面，东莞围绕推进农民市民化，不断提高农民的社会福利水平和自身素质，通过改革让农民享有更高质量的生活水平。一方面，通过创新创业激励农民市民化。全市32个镇街均成立人力资源服务中心，各村（社区）也设立人力资源服务站，使户籍农村劳动力享受到免费职业指导、推荐就业等政府公共就业服务，鼓励和帮助农民创业。另一方面，以优质服务保障农民市民化。大力构建城乡一体、新老共享的社保、教育、卫生等服务体系，推动民生服务由城市人口向农村人口延伸、由户籍人口向非户籍人口拓展；建成398个社区卫生服务机构，群众步行15分钟即可就近获得基本医疗卫生保健服务。

第二届中国地方改革创新经验暨全面深化改革地方成果报告会推介东莞经验

——去年东莞农民人均可支配收入全省第一

《东莞日报》 2015年12月18日 记者：叶珊

“东莞农民收入实现稳步增长。2014年农村常住居民人均可支配收入为22327元，名列全省各市第一；城乡居民收入差距由2012年的1.72∶1，缩小至2014年的1.65∶1，远低于全国、全省平均水平。”第二届中国地方改革创新经验发布会暨全面深化改革地方成果报告会，于12月15日在北京召开。据悉，这次报告会是由华中师范大学中国农村研究院、教育部《高校智库专刊》社会发展编辑室、华中师范大学中国城市治理研究院联合主办的。报告会向与会的全国60余家媒体，细数东莞农民在农村综合改革中的受惠获利情况，推介东莞经验。

【服务】

村民在家门口就能办理90多项业务

东莞市委农办主任、市农业局局长张永忠在会上介绍，东莞以创新社会治理激活内动力，推动农村管理体制向城市管理体制转变，最大限度地为农民提供便捷服务。

例如，东莞建设统一的村（社区）综合服务管理中心，所有服务事项、办理流程、收费标准等都上墙公示。试行“直接办理”“社区代办”“巡回服务”“网上办理”等服务模式，“群众不出村（社区）就能办理90多项业务，不需要找熟人。”张永忠在会上介绍道。

【就业】

2万多名村民稳定就业

“东莞始终围绕推进农民市民化，不断提高农民的社会福利水平和自身素质，着力通过改革让农民享有更高质量的生活水平、更有保障的社会福利和更加文明的生活风尚。”张永忠在会上介绍说。

张永忠在会上列举了一系列数据：东莞统筹城乡就业政策，农村与城镇劳动力享受同等就业服务，至今创建534个“村民车间”，在工厂、企业灵活安置2万多名本地农村劳动力稳定就业；城乡最低生活保障标准提高到每人每月610元，农（居）民人均养老金达每月970元，建成398个村（居）社区卫生服务机构；建成村镇图书馆（室、书屋）1818个、文化广场769个；组建社区文化活动队伍1576支，队员1.3万人。

【收入】

去年农村常住居民人均可支配收入为22327元

农村综合改革最终要让广大农民从中获利得益。从东莞农民收入的变化，可窥见农村综合改革的程度。据统计，2014年农村常住居民人均可支配收入为22327元，名列全省各市第一。城乡居民收入差距由2012年的1.72∶1缩小至2014年的1.65∶1，远低于全国、全省平均水平。

那么，东莞农民收入的增加来自哪里？张永忠在会上介绍了东莞农民收入增加的几大源头。东莞建立生态补偿机制，划定1100平方公里生态控制线，每年对基本农田、非经济林补偿1.6亿元，对于产权属于村民个人的，补偿直接划拨到村民手中，大批村民受益。

农村集体资产交易平台到2015年10月底，累计成功交易2.3万余宗，为农村集体增加直接收益24.4亿元，赋予农民更多集体财产权益，为村民增加了分红额度。2013年以来全市各村（社区）共投资109亿元，参与投资厂房、商铺及其他企业项目近4000宗，全市各村（社区）共投入112亿元进行信托理财、银行投资等理财项目。比如，全市有12个镇83个村累计投资11.1亿元参与东莞信托的“从莞高速”理财项目，实现投资收益8400多万元。这些措施大大增加了村集体经济实力，大批村民从中受益。

延伸阅读

前三季度因村务上访人数大幅下降

东莞市出台了违反农村集体资产管理行为责任追究办法，通过扣减薪酬、通报批评、建议罢免等手段，促进对村干部管理制度的落实。据统计，近五年来，东莞市共追究违规办事6790宗，追究干部责任2600多人次。

据介绍，我市的农村综合改革推动了农村社会和谐稳定，2015年前三季度因村务管理问题上访批次、人数同比再分别减少38%和49%。

相关链接

东莞农村综合改革成功秘诀：哪里出现问题就改革哪里

张永忠在会上介绍，东莞农村综合改革成功秘诀是，坚持以问题为导向，哪里出现问题就改革哪里。在改革前，东莞农村发展与管理的难题，主要是农村经济社会结构转型带来的管理任务不断加重、经费负担不断加大、发展后劲日趋减弱等。

2012年8月，东莞出台深化农村综合改革“1+5”系列政策，正式启动新一轮农村综合改革。2013年11月，东莞被国务院农村综合改革工作小组，批准为创建全国农村综合改革示范试点市。三年来，东莞坚持以问题为导向，以激活农村经济社会发展内动力为主线，从规划建设、产权管理、经济发展、社会治理、公共服务均等化等方面入手，加快探索农村转型发展、科学发展之路，推动了城乡发展一体化。主要做法是：以统筹城乡规划推动农村社会形态向城市社会形态转变；以优化产权制度推动沉睡资产向增量资产转变；以加快创新推动粗放型经济向创新型经济转变；以创新社会治理推动农村管理体制向城市管理体制转变；以统筹城乡公共服务推动传统农民向现代市民转变。

南方农村报

东莞建立四级平台监控村集体　2600余名干部被追责

来源：南方农村报　记者：段凤桂　发布时间：2015年12月19日00：15

《南方农村报》讯（记者段凤桂）东莞市农村综合改革激发内生动力，推动经济转型、服务完善、治理升级，成功入选第二届地方政府改革改革创新成果展示，获得专家广泛好评，被誉为新时期农村综合改革的“东莞突围”。

东莞市委农办主任张永忠介绍，东莞以激活内动力为核心的农村综合改革取得了明显成效，农村发展活力显著增强，农村基层负担有效减轻，农民收入实现稳步增长，基层治理难题得到有效破解。

东莞农村集体资产体量巨大，超过1400亿元，占全省同级资产的1/3。在回答记者关于如何盘活集体资产的问题时，张永忠表示，一直以来，东莞农村、村组经济主要集中在物业租赁这一块，是农村集体经济的支撑腿，接下来要想办法做大做强，加快发展高端物业。此外，从“十三五”规划开始，他们将着重引导农村集体资产或闲置资金投入理财产品和股权型的项目上，支持市级投融资平台，选择一批优质项目，面向集体经济融资，“两方面着手，两条腿走路，让农民享受更多财产方面的收益”。2015年10月底，东莞农村集体资产负债率下降到历史同期最低点。

截至目前，东莞建立了覆盖所有镇、村的集体交易平台以及市、镇、村、组四级监管平台，将全市3000多个农村集体经济组织全部纳入实时监控，并全面推行村级预算制度，对集体经济各项经营收支管理费用、收益分配都纳入预算进行审核和核算。同时，还开创了集体资产网上交易的新模式，通过网络竞价拍卖、招租。此外，据张永忠透露，在农村综合改革的过程中通过不断完善农村集体资产监督管理制度，查处了相关违规事项6790次，追责的基层干部2600余人。

“东莞的改革具有标本的意义。”华中师范大学中国农村研究院执行院长邓大才教授认为，面对经济和社会转型的双重压力，东莞市以农村综合改革为契机，积极探索农村发展转型升级之道，以“激活内动力”为核心，以经济转型、服务完善、治理升级为三大动力，通过“统筹、分治、合作”三步走，实现经济和社会协同发展，在盘活资产中提升经济水平，在治理改善中促进社会转型，多管齐下、全面突围，为全国的农村改革提供了可靠经验。

12月15日，由华中师范大学中国农村研究院、教育部《高校智库专刊》社会发展编辑室、华中师范大学中国城市治理研究院联合创办的“第二届中国地方改革创新经验发布会暨基层治理创新发展地方经验报告会”在北京成功召开，来自全国的地方治理改革创新的先行者、探索者以及60余家国内外媒体参加了此次会议。

华中师大举行地方改革创新经验发布会

《光明日报》 2015年12月22日 记者：陶明强

由华中师范大学中国农村研究院等创办的第二届中国地方改革创新经验发布会暨基层治理创新发展地方经验报告会日前在京举行。华中师范大学中国农村研究院执行院长邓大才教授表示，此次经验发布会主要面向地方市、县级和市、县级以下政府单位及其组成部门，根据自愿性、无偿性、公正性原则，由专家评审委员会和筹备委员会两大机构评审、遴选出具有创新典型性和重要推广价值的地方改革实践进行重点挖掘并予以发布。会议主办方希望通过此次发布会来“牵线搭桥”，促进中央精神与地方探索的积极互动，推动创新实践的经验推广和理论提升。

中国地方改革创新经验发布会暨基层治理经验报告会举行

中国农业新闻网 2015年12月22日 记者：施维

鼓励地方积极探索，推动基层治理创新

第二届中国地方改革创新经验发布会暨基层治理创新发展地方经验报告会在北京召开。

党的十八届三中全会《决定》提出，推进国家治理体系和治理能力现代化。治理体系和治理能力现代化，不仅要加强顶层设计，进行整体谋划和战略布局，而且要大胆创新，开展具体的实践探索。地方治理作为国家治理的重要组成部分，其治理体系和治理能力与国家治理体系和治理能力是部分和整体、局部和全局的关系。地方治理体系是否科学完备、治理能力高低好坏，直接影响着国家治理体系效能的发挥和治理能力的提升。

近日，由华中师范大学中国农村研究院、教育部《高校智库专刊》社会发展编辑室、华中师范大学中国城市治理研究院联合创办的“第二届中国地方改革创新经验发布会暨基层治理创新发展地方经验报告会”在北京成功召开。会上，华中师范大学中国农村研究院执行院长邓大才教授代表会议主办方，作了地方改革创新实践总体情况汇报，并分别介绍了广东东莞、四川都江堰、湖北秭归县三地的改革实践活动。

“激活内动力”——新时期农村综合改革的“东莞突围”。面对经济和社会转型的双重压力，东莞市以农村综合改革为契机，积极探索农村发展转型升级之道，以“激活内动力”为核心，即以经济转型、服务完善、治理升级为三大动力，通过“统筹、分治、合作”三步走，实现经济和社会协同发展，在盘活资产中提升经济水平，在治理改善中促进社会转型，多管齐下、全面突围。其主要特点是：第一，以激活“内动力”寻求经济可持续发展，主要途径是拓展多元化渠道，探索统筹化开发，促进规范化经营；第二，以健全服务促进城乡统筹发展，包括通过政府统筹促进公共服务均衡化，通过简政强镇推动行政服务高效化，通过放权市场主体推动社会服务常态化；第三，以创新治理推动社会稳定发展，主要包括健全组织载体（党组织、自治组织、社会组织）、建立机制保障（参与机制、激励机制、监督机制）和搭建平台基础（协商平台、综合服务中心、政务服务平台）。

“党建引领，院落自治”——打造基层善治的“都江堰样本”。都江堰在统筹城乡发展过程中，基层面临着“上面管不着、下面难自治、服务难到位”的困境。为此，都江堰以“美丽我院、美丽我家”环境整治为契机，探索出一条以院落为单元，党引民治的基层治理创新的新路子。其主要做法是：坚持深化“一核多元、合作共治”基层治理机制，积极探索以融入式党建为治理牵引，以院落（小区）基本单元为治理依托，以培育多元社会组织为治理支撑，以院落环境整治和城乡物业管理全覆盖为治理载体的“党组织领导、村（居）委会管理、群众主体、多元支撑、依法治理”基层治理体系和治理能力现代化的新路子，弥补了城乡治理缺失的最基础环节，畅通了服务群众“最后一公里”和群众自治“最先一公里”，初步形成了党建引领、多元共治的基层善治新格局。

“二长八员，村落自治”——村民自治有效实现形式的“秭归探索”。地处三峡工程坝上库首的秭归，是集老、少、边、穷、库、坝区于一体的山区农业大县，在基层治理中面临着诸如“村服务半径过大，公共服务难落地”“行政村事务繁重，干部较少难承担”“行政村利益多元，集体行动难实现”等困境。该县改变治理思路，创新治理方式，通过划小村落范围，推选“二长八员”，借此激发群众自治的内在动力。其主要做法是：以村落为单元，以村落理事会为平台，以“二长八员”为桩脚，探索出了一种“双线运行，三级架构”的基层治理新格局，形成了“自治主体有激活，自治能力有提升，自治体系有完善”的良好局面。秭归的改革是对 2015 年中央一号文件“探索不同情况下村民自治的有效实现形式”等文件精神的创新实践。

会议认为，这三地的实践探索，是对党的十八届三中全会的战略部署作出的积极回应，并与党的十八届五中全会精神中的“坚持创新发展，必须把创新摆在国家发展全局的核心位置，不断推进理论创新、制度创新、科技创新、文化创新等各方面创新”遥相呼应，为我国全局性的进一步深化改革与创新提供了实践参考，为治理决策提供了经验范本，并对“十三五”时期的目标实现有一定的促进作用。

据悉，本次中国地方改革创新经验发布会是在 2014 年首届发布会成功举办的基础上所进行的进一步推广提升。会议主办方希望通过此次发布会来“牵线搭桥”，促进中央精神与地方探索的积极互动，推动创新实践的经验推广和理论提升，更好地展示中国特色社会主义实践成就，实现国家治理体系和治理能力现代化。

东莞农村集体资产超千亿

《香港文汇报》 2015 年 12 月 16 日 记者：江鑫娴

《香港文汇报》讯（记者江鑫娴北京报道）广东省东莞市农业局局长张永忠昨日在北京表示，作为全国农村综合改革示范试点市，东莞市目前村组两级集体总资产达 1400 亿元（人民币，下同），约占广东省同级资产的三分之一，年纯收入过百亿元。另外，东莞已建成广东首个农村集体资产网上交易平台，农村集体资产将实现全部网上公开交易。通过平台，全国各地的民众均可参与竞投。

张永忠表示，通过搭建网上交易平台，建立多途径的信息发布渠道，为集体经济组织和企业、商户提供了更宽广、更及时、更便捷的双向选择机会。同时，民众可以用电脑、手机等查看、监督网上交易全过程。2016 年，东莞将继续加大技术开发力度，探索开发交易平台的移动端应用，开发交易 App，借助手机等移动硬件平台，提高交易流程办理效率。

第二届地方改革创新成果新闻发布会在京召开

《香港文汇报》 2015 年 12 月 22 日　记者：郑其

近日，由华中师范大学中国农村研究院、教育部《高校智库专刊》社会发展编辑室、华中师范大学中国城市治理研究院联合创办的“第二届中国地方改革创新经验发布会暨基层治理创新发展地方经验报告会”在北京成功召开。来自全国的地方治理改革创新的先行者、探索者以及六十余家国内外媒体参加了此次会议。

会议主办方希望通过此次发布会来“牵线搭桥”，促进中央精神与地方探索的积极互动，推动创新实践的经验推广和理论提升，更好地展示中国特色社会主义实践成就，实现国家治理体系和治理能力现代化。其中广东省东莞市“激活内动力”对农村综合改革的有益探索、四川省都江堰市“党建引领，院落自治”的地方改革创新实践、湖北省秭归县“村落自治”探索村民自治有效实现形式被列为典范。这些探索为我国全局性的进一步深化改革与创新提供了实践参考，为治理决策提供了经验范本，并对“十三五”时期的目标实现有一定的促进作用。

邓大才：探寻治理规律　推动基层治理改革

《经济参考报》 2015 年 12 月 28 日　记者：农研院

基层治理是国家治理的重要组成部分，在近日举行的“第二届地方改革创新成果新闻发布会暨基层治理创新发展地方经验报告会”上，会议主办方、华中师范大学中国农村研究院执行院长邓大才就广东省东莞市、四川省都江堰市以及湖北省秭归县在地方基层治理方面的经验作了介绍。

邓大才介绍说，世界性的经济危机对东莞的打击非常大，东莞外向型经济伴随着全球危机步入了困境。面对经济和社会转型的双重压力，东莞市以农村综合改革为契机，积极探索农村发展转型升级之道，以“激活内动力”为核心，即以经济转型、服务完善、治理升级为三大动力，通过“统筹、分治、合作”三步走，实现经济和社会协同发展，在盘活资产中提升经济水平，在治理改善中促进社会转型，多管齐下、全面突围。

都江堰市在统筹城乡发展的过程中，以农村环境整治为契机，探索出一条以院落为单元、“党引民治”的基层治理创新的新路子，催生了我国“农村产权制度改革第一村”。地处三峡工程坝上库首的秭归县通过划小村落范围，推选“二长八员”，激发群众自治的内在动力，破解了村民自治发展困局。

“三地的改革为我国全局性的进一步深化改革与创新提供了实践参考，为治理决策提供了经验范本。”邓大才说。

第二届地方改革创新成果在京发布

大公网　2015 年 12 月 23 日　记者:周琳

大公网 23 日电（记者周琳）华中师范大学中国农村研究院、教育部《高校智库专刊》社会发展编辑室联合发布第二届中国地方改革创新经验。广东东莞市“激活内动力”对农村综合改革的有益探索、四川都江堰市“党建引领、院落自治”的地方改革创新实践、湖北省秭归县“村落自治”探索村民自治有效实现形式三项成为本次发布的地方改革创新成果经验，三地代表分别作了经验分享与成果汇报。

华中师范大学中国农村研究院执行院长邓大才教授指出，此次经验发布会主要面向地方市、县级及以下政府单位和组成部门，根据自愿性、无偿性、公正性原则，由专家评审委员会和筹备委员会两大机构评审、遴选出具有创新典型性和重要推广价值的地方改革实践进行重点挖掘并予以发布。三地的改革创新对党的十八届三中全会的战略部署作出的积极回应，并与十八届五中全会精神相呼应，为我国全局性的进一步深化改革与创新提供了实践参考，为治理决策提供了经验范本，并对“十三五”时期的目标实现有一定的促进作用。

农村治理改革:东莞和秭归值得一看

《中国经济导报》 2016年1月1日 记者:季晓莉 李杨

前不久，由华中师范大学中国农村研究院主办的“第二届中国地方改革创新经验发布会暨基层治理创新发展地方经验报告会”在京举行。会议发布了一些具有创新典型性和重要推广价值的地方农村改革实践案例。

“这些经验对于‘十三五’时期推动农村治理改革有启示作用。”华中师范大学中国农村研究院执行院长邓大才表示。

广东东莞：城乡一体亮点多

前几年，东莞农村一度出现收支失衡、收益增幅下降、债务风险等问题，农村集体经济单纯依靠外源动力的传统发展模式面临发展疲软的困境。

“如何让集体的‘钱袋子’鼓起来，让农民获得更多收益，是东莞农村综合改革必须解决的关键问题之一。”东莞市委农办主任、市农业局局长张永忠告诉《中国经济导报》记者，面对单一物业型经济带来的增长增收乏力，东莞市实施物业提升优化计划，鼓励农村集体自主引进上规模的优质项目，统一规划建设和改造集体物业项目，提升物业质量和经营效益；实施服务型经济发展计划，因地制宜发展人才公寓、酒店商务、物流仓储、餐饮娱乐等产业配套相关有偿服务项目；鼓励将闲置资金投资保本型的理财产品，入股市信托、市交投集团等市级投融资平台的优质项目。

“服务型、投资型经济引导东莞农村集体经济从注重资产管理向资本运营转变。”张永忠表示，自2012年起，东莞市开始探索建设农村资产交易平台，目前，全市已建立32个镇级资产交易平台，建成372个村级交易点，并在虎门、寮步开展集体资产网上交易试点。截至2015年9月底，东莞市麻涌镇全镇各村组共有6.08亿元投资从莞高速及信托理财产品，年收益比定期存款增加1700多万元。

此外，东莞市推进统筹土地开发利用，积极推进土地资源统筹整合，促进农地规模化经营，提高了规模效益。2015年，东莞市已整合建设用地1000亩以上，大地块10块2.4万亩，解决了农村用地分布较为零散、使用率不高、规模化效益低等问题。东莞市以创建全国城乡土地生态综合利用试点城市为契机，通过置换、回购、转让、整体包租、合作入股等方式，统筹整合形成连片建设用地，为重大项目落地和加快发展提供支撑。

例如，东莞市厚街镇通过政府引导、企业运作的方式，在保持集体建设用地权属不变的基础上，将原占地面积6万平方米的6家小、旧工厂，集中成片进行二次开发，建设国内领先的鞋材鞋业专业市场，进一步推动产业集聚，提高发展水平和效益，集体租金收入较之前翻了一番。

在过去的发展中，东莞从农业时代快速跨入了工业时代，但城镇化却相对滞后，居民的市民化程度则更为有限。近年来，东莞市加快建立健全农村公共财政保障机制，加强了农村基础设施建设，加大了城乡公共服务一体化建设的力度，减轻了农村集体经济的负担，推动了基本民生服务由城市人口向农村人口延伸，缩小了农民与居民之间的差距。

东莞自2010年起就取消了“职保”和“农保”的区分，作为一个外来人口众多的工业城市，建立了与积分制相协调的户籍、社保、教育、住房、医疗等配套政策，力推公共服务均等化。目前，有14.2万新莞人子女在当地公办中小学免费就读，60.9万异地务工人员子女接受到了义务教育。

“地方改革与地方治理转型过程往往不止涉及某一范围，而是多个领域、多项内容的集合体，牵涉到重大的制度创新与社会变革，这也要求在推进治理创新时需整体化推进和系统化统筹，一切因需而改。”华中师范大学中国农村研究院教授徐勇表示，经济发展新常态正逐步形成，经济转型而来的社会问题也不断积聚，加上东莞特殊的地理位置、人口结构、经济结构，需要建立治理转型与经济发展的协同机制。

站在改革风口享红利探新路

《南方都市报》　2015年12月31日　记者：严铧

2015年是全国全面深化改革的关键之年，而作为多个改革领域试点城市的东莞则是站在了风口。回顾全年，东莞的各项改革大刀阔斧，且颇具成效。如商事登记制度改革，就全面激发了市场活力，使市场主体数量再创新高；在户籍改革方面，也再度降低入户门槛，最大限度地吸纳人才；而在农村综合改革领域，增资减债成效明显，村组负债率降至史上最低。

商事改革

先行先试集群注册企业登记“一网通”

在2015年东莞的一系列改革中，商事登记制度改革当属最为亮眼的。东莞是全国率先推行商事制度改革的城市，2012年5月在大朗镇试点，同年12月3日在全市全面推开，在“先照后证”、注册资本认缴制、放宽住所限制等八方面进行了积极探索。截至2015年11月，全市市场主体总量首次突破70万大关，达到70.6万户，市场主体总量在全省地级市中排名第一。

2014年商改在全省、全国推开后，东莞2015年在深化商事登记改革上持续发力。2015年8月1日，东莞在全国率先推行企业集群注册，多家有限公司可以以一家托管企业的地址为住所办理工商登记，促进了新业态新经营模式的蓬勃发展。例如东莞成立的清研联华集群注册托管公司，通过集群注册登记模式，在500平方米左右的空间内，为全国各地600多户企业提供地址托管、商务秘书、创业培训等服务，初步打造了电子商务虚拟产业园。目前，全市已成立托管企业268家，已办理设立登记的集群企业1527家。

东莞改革创新的意义不仅限于助力这座城市的发展，更重要的是为全国提供有效的经验。东莞市工商局副调研员张志云就说："作为全国商改的先行点，东莞一直为全国在商事制度改革方面的制度设计提供实践经验。如我市先行先试的企业集群注册，就写进了国务院的相关文件里。"

东莞商改除了在制度设计上进行优化之外，还通过技术手段提高办事效率，降低企业的时间成本。在2015年12月1日，东莞全程电子化工商登记已正式启动，全市率先铺开内资公司名称预先核准全程电子化工商登记。按照计划，2016年上半年内资公司设立、变更（备案）、注销等功能将陆续上线。随后，将从内资公司拓展到所有市场主体，全面推行全程电子化工商登记。在全程电子化登记全面实施之后，市民将可通过网上登记服务平台，全程网上填写电子表单，无须扫描上传纸质文件，实现全流程网上申请、网上审核、网上发照、网上归档办理工商登记注册。

东莞显然是要把这种便捷做到极致，因此在12月24日，东莞又推出了企业登记注册"一网通"改革，税务登记、社会保险登记等登记备案业务均可在东莞市网上办事大厅一站式、全流程办理完毕。

户籍改革

入户门槛一降再降出台最强"人才新政"

作为一个本外人口数量严重倒挂的城市，东莞户籍改革的任务甚为繁重，而这也倒逼东莞在这一改革领域中加大力度。在2015年年初，东莞入选国家新型城镇化综合试点，"拓宽农业转移人口市民化实现通道"位居东莞试点任务之首。这为东莞今年在户籍改革乃至人才引进方面的大刀阔斧奠定了基调。

自2010年积分制入户工作实施以来，东莞先后三次修订入户政策，逐步降低门槛，大力简化手续和流程。2015年东莞在降低入户门槛、吸纳人才方面再度发力。在12月22日，东莞出台了堪称史上最强“人才新政”的9大人才政策。尽管现行的人才入户政策出台尚不足两年，但东莞已迫不及待地进行了修订。东莞市人力资源局副局长吴雪明表示，因为仍有一些长期在莞工作的技术工人或管理人才，因为学历、年龄、职称等方面的原因，被拦在东莞户籍之外。

入户新政中新增了企业自评人才入户，将员工入户的决定权下放给企业，形成条件准入、积分入户、企业自评人才入户“1+3”的政策文件框架。与此同时，放宽条件准入，将申请年龄统一放宽到50周岁，将职称类人才准入门槛从“中级”降低到“初级”。

根据规划，东莞的户籍改革力度还将更大。2015年11月份，东莞出台了《关于推进农业转移人口市民化的实施意见（试行）》，东莞还将出台户籍制度改革的具体方案，逐步调整入户政策，为在莞合法稳定就业满5年并有合法稳定住所，参加社保满5年人员，本人及其配偶、未成年子女、父母等提供入户东莞的途径。

农村综改

集体资产占全省1/3　负债率降至史上最低

2012年，时任广东省委书记的汪洋给东莞农村敲响了“希腊化”风险的警钟。2015年12月15日，东莞在“第二届中国地方改革创新经验发布会暨基层治理创新发展地方经验报告会”上向全国介绍东莞的农村综合改革经验。3年内，东莞在努力化解“希腊化”风险的同时，也在为全国探索了一条行之有效的农村综合改革之路。

东莞着重探索建设农村集体资产监管服务平台，健全村级收支管理制度，用市场化、信息化、制度化的手段，构筑起保护和发展农村、农民财产权益的坚实屏障。2014年东莞已全面完成农村集体资产交易平台建设，实现了集体资产上平台交易“全覆盖”，累计为集体增加直接收益24亿多元。2015年9月29日，东莞农村集体资产网上交易平台在互联网上线；10月20日完成首批交易。网上交易平台上的交易项目均面向全社会开放，通过网络报名申请、网上缴纳保证金、网上大厅交易等方式，消除地域、空间的限制，交易竞投人无论身在何处都可以通过网络参与交易。同时，将全市近3100个农村集体经济组织全部纳入平台实时全程监控，对村组股东分红、土地资金、接待费用、大笔现金流、合同收款进度等重要项目和每一份合同、每一笔开支、每一张凭证进行监控，堵塞了管理漏洞。

东莞也通过创新集体经济发展机制，推动其转型升级，实现增资减债。东莞原有的村组集体经济体各自为政、发展方式单一、管理水平低、盈利能力不足。面对这种情况，东莞创出了市镇主导开发、发展高档物业、引入理财观念等多种模式。在2015年，部分村集体与企业合作改造“三旧”项目面积31.6万平方米，预计可为村集体带来收入33.8亿元。虎门镇将虎门寨原第二工业区改造成电商产业园，引进大学生创业孵化中心、东盟采购网等一批第三方服务机构，吸引400余家电商企业入驻，集体物业收益率增长达到34%。

东莞农村综合改革激发了农村发展活力，村组两级经营纯收入持续3年保持双位数增长，2014年成功突破百亿元大关；集体资产总量占全省同级资产的1/3。全市村组（社区）收不抵支情况连续3年大幅下降，2015年10月底集体资产负债率下降到历史同期最低点。

数读

增资

至2015年10月，东莞成功开展集体资产交易项目23267宗，成交额达294亿元，为集体带来直接经济效益24.4亿元；农村集体总资产达到1406亿元，占全省同级资产的1/3。

减负

2013年起东莞市设立了农村基本公共事务补助专项资金，专门对村（社区）负担较重的环卫、治安、行政管理等重大公共开支补贴，3年累计达48.7亿元。415个村（社区）环卫管理事务由镇街统筹，环卫管理资金负担减轻60%以上，其中12个镇街的村（社区）环卫支出实现零负担。

大事记

● 2月《国家新型城镇化综合试点方案》发布，东莞被列入试点范围，其中“拓宽农业转移人口市民化实现通道”位居东莞试点任务之首。

● 4月2日东莞召开2015年全面深化改革工作新闻发布会，宣布《东莞市2015年改革行动计划》已获通过，东莞将在经济、政治、文化、社会、生态、纪检、党建7个重点领域开展深化改革工作。

● 8月1日东莞在全国率先推行企业集群注册，多家有限公司可以以一家托管企业的地址为住所办理工商登记。

● 9月29日东莞农村集体资产网上交易平台在互联网上线，10月20日完成首批交易。

● 11月东莞出台《中共东莞市委东莞市人民政府关于推进农业转移人口市民化的实施意见（试行）》。

● 12月1日东莞全程电子化工商登记已正式启动，全市率先铺开内资公司名称预先核准全程电子化工商登记。

● 12月22日东莞出台了堪称史上最强“人才新政”的9大人才政策。

● 12月24日东莞企业登记注册“一网通”改革方案获通过。

改革坐拥天时地利要深入仍需人和

如果说2014年被视为中国全面深化改革元年，那么2015年则是中国全面深化改革的关键之年。这种自上而下的改革之风以及因其而形成的环境氛围，可视为东莞推动深化改革之天时。同时，因其独特的行政架构、人口结构及突出的经济实力，东莞成为了全国商事制度改革、新型城镇化、农村综合改革等多项改革的试点城市，拥有更多的探索机会和空间，为地利。坐拥深化改革的天时地利，东莞不负众望地通过改革释放了红利，也为全国提供了诸多经验。

然而，天时不如地利，地利不如人和。东莞全面深化改革要更进一步，仍需在“人和”上持续发力。改革意味着利益格局的重建，这就注定要受到各种既得利益者的抵触。由此而产生的阻力，从来都是改革中遇到的最大阻力，改革越是到了深水区，这种阻力则会越大。这也是当前改革过程中出现“上热下冷”“落实不到位”等情况的主要原因。如何让政府上下齐心，形成合力，共同推动各项改革，将考验决策层的决心和智慧。

这个“人和”除了指政府内部上下一心之外，还须官民齐心。政府的改革方向是否符合民意，改革红利是否惠及更多民众，都将直接影响到这一意义上的“人和”，从而影响改革效果。因此，在改革的相关决策形成之前，更广泛深入了解民意，更彻底地放低政府身段，更科学合理地进行制度设计，将成为改革过程中不可忽视的重要内容。

鼓励地方积极探索推动基层治理创新

《农民日报》 2015年12月26日 记者：施维

党的十八届三中全会《决定》提出，推进国家治理体系和治理能力现代化。治理体系和治理能力现代化，不仅要加强顶层设计，进行整体谋划和战略布局，而且要大胆创新，开展具体的实践探索。作为国家治理的重要组成部分，地方治理体系是否科学完备、治理能力高低好坏，直接影响着国家治理体系效能的发挥和治理能力的提升。

近日，由华中师范大学中国农村研究院、教育部《高校智库专刊》社会发展编辑室、华中师范大学中国城市治理研究院联合举办的“第二届中国地方改革创新经验发布会暨基层治理创新发展地方经验报告会”在北京召开。会上，华中师范大学中国农村研究院执行院长邓大才教授代表会议主办方，作了地方改革创新实践总体情况汇报，并分别介绍了广东东莞、四川省都江堰、湖北秭归县三地的改革实践活动。

“激活内动力”——新时期农村综合改革的“东莞突围”。面对经济和社会转型的双重压力，东莞市以农村综合改革为契机，积极探索农村发展转型升级之道，以“激活内动力”为核心，即以经济转型、服务完善、治理升级为三大动力，通过“统筹、分治、合作”三步走，实现经济和社会协同发展，在盘活资产中提升经济水平，在治理改善中促进社会转型，多管齐下、全面突围。其主要特点是：第一，以激活“内动力”寻求经济可持续发展，主要途径是拓展多元化渠道，探索统筹化开发，促进规范化经营；第二，以健全服务促进城乡统筹发展，包括通过政府统筹促进公共服务均衡化，通过简政强镇推动行政服务高效化，通过放权市场主体推动社会服务常态化；第三，以创新治理推动社会稳定发展，主要包括健全组织载体（党组织、自治组织、社会组织）、建立机制保障（参与机制、激励机制、监督机制）和搭建平台基础（协商平台、综合服务中心、政务服务平台）。

会议认为，这三地的实践探索，是对党的十八届三中全会的战略部署作出的积极回应，并与党的十八届五中全会精神中的“坚持创新发展，必须把创新摆在国家发展全局的核心位置，不断推进理论创新、制度创新、科技创新、文化创新等各方面创新”遥相呼应，为我国全局性的进一步深化改革与创新提供了实践参考，为治理决策提供了经验范本，对“十三五”时期的目标实现有一定的促进作用。

据悉，本次中国地方改革创新经验发布会是在2014年首届发布会成功举办的基础上所进行的进一步推广提升。会议主办方希望通过此次发布会来“牵线搭桥”，促进中央精神与地方探索的积极互动，推动创新实践的经验推广和理论提升，更好地展示中国特色社会主义实践成就，实现国家治理体系和治理能力现代化。

后　记

新中国成立以来，我国一直在集体经济与个体经济之间徘徊探索，试图寻找最契合我国农村实际的理想模式。家庭联产承包责任制的实施，一夜间解决了全国农民的温饱问题，但时至今日，小岗村却陷入了活力不足的桎梏之中。2015 年中央“一号文件”曾指出要“积极探索农村集体经济的有效实现形式”。东莞，作为集体经济的极大受益者，曾创造出奇迹般的发展模式，但其亦同样陷入过发展陷阱。割腕之痛后，东莞市在领导层与民众共同努力下，逃出了既有模式的桎梏，逐渐恢复了东莞往日的荣光。本书就是对东莞市改革实践进行的理论提升。

受东莞市委农办的邀请，徐勇教授、邓大才教授带领研究团队深入东莞市，通过走访观察、深入访谈全面了解东莞市改革的整体情况。为了总结东莞经验，邓大才教授亲自前往东莞市进行调研、授课、互动。同时两位教授直接参与了理论总结，并指导和参与设计了东莞市治理改革完善方案。同时，2015 年 4 月与 9 月华中师范大学中国农村研究院分别派出由陈军亚教授、任路老师以及 10 名博士生和 3 名硕士生构成的研究团队赴东莞市开展实地调查与研究，得到了东莞方面的热情接待和积极支持与协调。在两次近一个月的时间里，课题组成员深入村庄和社区，全面了解和梳理东莞各镇街的改革历程，与基层群众和干部座谈交流，总结经验，收集一手资料，撰写研究个案，进行理论思考，为本书的写作打下了坚实基础。

本书是在东莞市各级领导干部及东莞市人民的大力支持下完成的。东莞市委姚康副书记、东莞市委农办主任张永忠、副主任尹国强等领导同志，以及东莞市各乡镇、社区的领导干部为课题组进行驻点观察和实地调研创造了良好的条件，对课题组成员的生活起居进行悉心安排，为研究工作的顺利开展奠定了良好的基础；智慧进取、勇于创新的东莞市人民也给予课题组极大的支持与帮助，使课题组深受启发。如果没有东莞市广大干部群众的不懈探索和努力，很难想象能完成这样一本研究成果！

中国农村研究院徐勇教授、邓大才教授对本书的写作倾注了大量的心血。徐勇教授在百忙之中对本书的提纲架构进行了精心的指导，多次提出详细的意见建议，使课题组有了清晰的方向和思路，同时对书稿的内容和质量也严格把关，力求完美；邓大才教授全程参与本书的写作，对具体的写作思路、写作重点等进行详细指导，对课题组的不足之处及时匡正，并时常对课题组进行勉励督促。正是两位老师的辛勤付出使得本书能够高质量地呈现在读者面前。

本书序言由中国农村研究院院长、长江学者徐勇教授赐稿。全书共包括两部分：第一部分是专题报告篇；第二部分社会反响篇。全书具体的写作任务由中国农村研究院课题组共同承担，专题报告篇分别由李晓群、武冬蒙、刘思、陈军亚、张利明、邓杰、党亚飞、唐丹丹、温都拉、刘燕、刘迎君、高菁、李博阳等人负责完成；最后由任路、李晓群进行全书的修改和统稿。此外，还要感谢中国农村研究院高菁、武冬蒙、邓杰等硕士生参与本书的校稿。

由于编著者水平有限，不当之处在所难免，请各位读者多多批评指正！